藏書

珍藏版

鬼谷子

于立文 主編

壹

遼海出版社

图书在版编目（CIP）数据

鬼谷子 / 于立文主编 .—沈阳：辽海出版社，2016.11
ISBN 978-7-5451-3857-3

Ⅰ.①鬼… Ⅱ.①于… Ⅲ.①纵横家 Ⅳ.① B228

中国版本图书馆 CIP 数据核字（2016）第 260533 号

鬼谷子

责任编辑：	柳海松　段扬华
责任校对：	顾　季
装帧设计：	马寄萍
出 版 者：	辽海出版社
地　　址：	沈阳市和平区十一纬路 25 号
邮政编码：	110003
电　　话：	024-23284473
E-mail：	dyh550912@163.com
印 刷 者：	三河市天润建兴印务有限公司
发 行 者：	辽海出版社
开　　本：	787mm×1092mm　1/16
印　　张：	144
字　　数：	2304 千字
出版时间：	2016 年 12 月第 1 版
印刷时间：	2016 年 12 月第 1 次印刷
定　　价：	1380.00 元

版权所有　翻印必究

《鬼谷子》编委会

主　编：于立文　张广玲　董　德　杨吉春　孔祥瑞
　　　　王大勇
副主编：杜婧舟　刘　丽　彭相如　曹　嵩　刘　斌
　　　　韩　冰　赵琳琳　张丽苹　崔　静　焦明宇
　　　　段欣宇　朱桐卓　郭宝财　徐　健　刘晓丽
编　委：李淑萍　王金玲　齐伟民　孙丽霞　孙晓春
　　　　邴　炜　金　岩　金兴国　常　悦　胡　亮
　　　　赵春学　赵桂香　姜　涛　耿　威　颜力楷
　　　　戴金波　赵子萱　韩安娜　赵丽光　于洪杰
　　　　李　鑫　霍　强　邢语恬　王　曼　李　娟
总编辑：杨吉春　孔祥瑞　竭宝峰　何春丽　常　旭

前 言

鬼谷子姓王名诩，又名王禅，号玄微子，是春秋时期卫国朝歌人。他常入云梦山采药修道，因为隐居周阳城清溪的鬼谷，因此自称鬼谷先生。"王禅老祖"是后人对鬼谷子的称呼，他是先秦诸子之一。

鬼谷子是我国古代著名的思想家、谋略家、兵家、教育家，是纵横家的鼻祖，他是中国历史上一位极具神秘色彩的人物，被誉为千古奇人，长于持身养性，精于心理揣摩，深明刚柔之势，通晓纵横捭阖之术，独具通天之智！鬼谷子先生的弟子有兵家孙膑、庞涓、尉缭子等，纵横家有苏秦、张仪、毛遂等，还有被誉为商圣的范蠡等，对后世具有深远的影响。

鬼谷子的主要著作有《鬼谷子》及《本经阴符七

术》。《鬼谷子》侧重于权谋策略及言谈辩论技巧，而《本经阴符七术》则集中于养神蓄锐之道。

《鬼谷子》是一部谋略学巨著，在中国传统文化典籍中历来享有"智慧禁果、旷世奇书"之称，其中集中了心理揣摩、演说技巧、政治谋略的精华，着重于辩证的实践的方法，是完整的领导统御与智谋策略的体系，具有浓厚的神秘性。

《鬼谷子》一书，从其主要内容来看，是针对谈判游说活动而言的，但由于其中涉及大量谋略问题，与军事问题触类旁通，也被称为兵书。

《鬼谷子》代表了战国游说之士的理论、策略和手段，是纵横捭阖术的经验总结，是运筹帷幄的智慧宝典，决胜千里的实用指南，汇聚了中国五千年传统智慧谋略的精粹，对于今天这个风云变幻、竞争激烈的时代，在从政、处世、经营、管理、公关等方面仍然具有广泛的指导意义。

《本经阴符七术》前三篇主要说明如何充实意志，涵养精神。后四篇则主要讨论如何将内在的精神运用于外，如何以内在的心神去处理外在的事物。

《鬼谷子》立论高深幽玄，文字奇古神秘，有一些

前言

深涩难懂。为了让广大读者更加深刻地理解其中深刻的思想内涵，易于好读和好懂，我们在编著本书时，根据《鬼谷子》分章分段集中逐个立论阐述的特点，进行了合理分割划分，再一一对应地进行了注释、译文和感悟，还添加了具有相应思想内涵的故事，以便于广大读者阅读理解。

《鬼谷子》一书是以功利主义思想冷眼静观尘世，认为为了达到自己的目的，一切自认为最合理的手段都可以运用。因此，我们在阅读本书时，一定要站在道德的至高点审视其中庞杂的思想、策略和手段，要去其精华，抛其糟粕，使其真正唯我所用。

《鬼谷子》在我国历史上以其"纵横捭阖"的核心思想曾经指引着历代无数能人志士走向了成功。在新的时期，这一思想体系在应对危机、走出困境方面所体现出的深度和广度，或许能够使我们应对人生危机带来的许多不利影响，并能够最终指引我们走出困境，迎接希望。那么，我们就真正学到了《鬼谷子》的思想精华，其古老的思想也会闪耀出时代的光芒，照亮我们的人生道路和无限前途！

目 录

第一章 捭阖

捭阖第一 ……………………………………… (3)
一、少康复国的故事 ………………………… (5)
二、周武王夺天下 …………………………… (10)
三、周公旦的故事 …………………………… (14)
四、和氏璧的故事 …………………………… (17)
五、顺应原因的结果 ………………………… (22)
六、晏子劝说齐景公 ………………………… (24)
七、生灵涂炭 ………………………………… (26)
八、十室九空 ………………………………… (28)

九、兔死狗烹 …………………………………… (30)

一〇、扁鹊见秦武王 ……………………………… (31)

一一、管仲的"买鹿之谋" ……………………… (32)

一二、半部《论语》治天下 ……………………… (34)

一三、老马识途 …………………………………… (35)

一四、图穷匕见 …………………………………… (37)

一五、完璧归赵 …………………………………… (39)

一六、纸上谈兵 …………………………………… (42)

一七、火牛阵,田单 ……………………………… (45)

一八、孔子讲解自然之道 ………………………… (47)

一九、欲速则不达 ………………………………… (48)

二〇、物腐虫生 …………………………………… (49)

二一、失去的与得到的 …………………………… (50)

二二、种瓜得瓜,种豆得豆 ……………………… (52)

二三、赵高陷害李斯 ……………………………… (54)

二四、衔肉著口 …………………………………… (60)

二五、胁肩谄笑 …………………………………… (60)

二六、渔阳参挝 …………………………………… (61)

二七、曳尾涂中 …………………………………… (63)

二八、欲为孤豚 …………………………………… (64)

目 录

捭阖第二 ·· (66)
 一、姜太公辅佐周武王 ······················ (69)
 二、黄金台招贤 ···································· (77)
 三、宁戚唱歌自荐 ································ (79)
 四、二桃杀三士 ···································· (81)
 五、楚庄王迎战晋军 ···························· (91)
 六、由此及彼 ·· (94)
 七、后生可畏 ·· (95)
 八、刘邦算计项羽 ································ (97)
 九、朝令暮改 ·· (98)
 一〇、文恬武嬉 ·································· (100)
 一一、五马分尸 ·································· (101)
 一二、下马威 ······································ (106)
 一三、因势利导 ·································· (107)
 一四、伤弓之鸟 ·································· (110)
 一五、雁默先烹 ·································· (113)
 一六、仰人鼻息 ·································· (114)
 一七、一夜十起 ·································· (116)
 一八、以假为真 ·································· (118)
 一九、鱼龙混杂 ·································· (119)

二〇、不明所以的惠子…………………………(119)

二一、诸葛亮初出茅庐…………………………(121)

二二、项羽安置章邯…………………………(124)

二三、身在曹营心在汉…………………………(126)

二四、宴席上的吹嘘…………………………(128)

二五、公孙龙的炫耀…………………………(129)

二六、徐有贞助英宗复位………………………(130)

二七、苏模棱处事………………………………(132)

二八、曹彬的夸耀………………………………(133)

二九、多行不义必自毙…………………………(135)

三〇、画蛇添足…………………………………(137)

三一、人微权轻…………………………………(140)

三二、一言九鼎…………………………………(144)

捭阖第三……………………………………………(147)

一、商汤的助手………………………………(150)

二、武丁求贤…………………………………(152)

三、忠诚的巨子石碏…………………………(155)

四、管仲相助齐桓公…………………………(156)

五、韩起郑国聘问……………………………(160)

六、齐桓公用人之道…………………………(164)

目 录

七、齐国贤相晏子 …………………………… (166)

八、楚王好细腰 ……………………………… (176)

九、定于一尊 ………………………………… (177)

一〇、仙鹤坐车 ……………………………… (178)

一一、羽翼已成 ……………………………… (181)

一二、炙手可热 ……………………………… (182)

一三、马夫的罪状 …………………………… (183)

一四、废除刖刑 ……………………………… (185)

一五、困兽犹斗 ……………………………… (186)

一六、舌卷齐城 ……………………………… (188)

一七、多多益善 ……………………………… (191)

一八、泰山鸿毛 ……………………………… (193)

一九、誉人自贤 ……………………………… (196)

二〇、坐山观虎斗 …………………………… (197)

二一、刮目相看的孙权 ……………………… (198)

二二、负重而致远 …………………………… (200)

二三、英雄无用武之地 ……………………… (202)

二四、投笔从戎的班固 ……………………… (204)

二五、拓拔焘任用魏钊 ……………………… (206)

二六、以人为鉴定的标准 …………………… (207)

二七、忽必烈赞铁连 ………………………… (209)

捭阖第四 ……………………………………… (212)

一、嫘祖劝诫黄帝 ………………………… (214)

二、商汤革命 ……………………………… (217)

三、武王伐纣 ……………………………… (220)

四、多难兴邦 ……………………………… (223)

五、分崩离析 ……………………………… (224)

六、作威作福 ……………………………… (226)

七、诗礼发冢 ……………………………… (227)

八、爱身避死 ……………………………… (228)

九、昭忌献计魏王 ………………………… (229)

一〇、郑庄公与母对唱 …………………… (230)

一一、淳于髡乐极生悲 …………………… (233)

一二、不识时务的后果 …………………… (234)

一三、冯异致书李轶 ……………………… (236)

一四、狂妄的奴才 ………………………… (238)

一五、刑押卢从史 ………………………… (239)

一六、好事不出门,恶事传千里 ………… (241)

一七、丁宝桢智斩安德海 ………………… (242)

一八、张冠李戴 …………………………… (247)

一九、朝秦暮楚 ………………………… (250)

二〇、煮石为粮 ………………………… (250)

二一、不孙息摞鸡蛋 …………………… (252)

二二、治标不治本 ……………………… (253)

二三、李广射虎 ………………………… (254)

二四、人自为战 ………………………… (257)

二五、胯下之辱 ………………………… (259)

二六、匹夫之勇 ………………………… (262)

二七、斗酒彘肩 ………………………… (264)

捭阖第五 ……………………………… (266)

一、伏羲氏的思想 ……………………… (269)

第一章　捭　闔

捭①阖②第一

粤若③稽④古，圣人之在天地间也，为众生之先。观阴阳⑤之开阖以命物⑥，知存亡之门户⑦，筹策万类之终始⑧，达人心之理，见变化之朕⑨焉，而守司其门户。故圣人之在天下也，自古之今，其道一也⑩。

变化无穷，各有所归：或阴或阳，或柔或刚，或开或闭，或驰或张。是故圣人一守司其门户，审察其所先后⑪，度权量能⑫，校⑬其伎巧短长。

【注释】

①捭：分。

②阖：关。

③粤若：发语词，通"曰若"、"越若"。

④稽：考。

⑤阴阳：古代常用的哲学概念，指宇宙中的两种矛

盾对立、相互消长的势力。阴阳交替是宇宙发展的根本规律。

⑥命物：立名命物。别本"命"字上有"名"字。

⑦知存亡之门户：预测吉凶、智悉存亡兴衰的关键。门户，枢机、关键。

⑧筹策万类之终始：筹策，谋划；万类，万物；终始，兴衰演变的过程。别本"类"作"物"。

⑨朕：迹象。

⑩其道一也：大自然的规律，圣人的道理是同一个。

⑪审察其所先后：仔细审察事物的前后联系。

⑫度权量能：度权，估量对方的思维能力；量能，指衡量对方的实践能力。

⑬校：比较。

【译文】

考察回顾历史，得知圣人在天地之间乃平民百姓中的先知先觉。圣人观察阴阳二气的开合来给万物命名，知晓生死道理，掌握万物的始终，考察民心民情，通达人的心理变化状态，观察事物发展变化的征兆，而把握住各种事物的关键环节。所以圣人处在天地间，从古到今，所用遵循的道理都是一样的。

万事万物的变化无穷无尽，但都是有条不紊，各按其道。有的阴、有的阳，有的柔，有的刚，有的开放，有的闭合，有的松弛，有的紧张。所以圣人把握住事物的关键，审察事物

的前因后果，权衡其轻重缓急，比较其技巧优劣长短，而后借物举事。

【感悟】

天下的事物虽然千差万别，但都按照一定规律有条不紊地进行着，正因为这样，所以要掌握各种事物独特的变化规律，而后以不同的方法因时、因地去对待它们，顺其自然即可成事。

【故事】

一、少康复国的故事

夏启破坏了禅让制度，开创了父死子继的世袭制度。他没有想到当他年老的时候，他的几个儿子都想继承王位，在家庭内部争夺了起来。夏启看到小儿子武观闹得最凶，就把武观放逐到黄河西岸（现在陕西一带）

去。武观在黄河西岸反叛，夏启派大将彭伯寿出兵讨伐，才把这次动乱平定了下去。

夏启做了王，改变了当年简朴的做法，生活上开始腐败起来。他整天在王宫里喝酒，欣赏歌舞，或者带着一帮人外出打猎。腐败的生活使他缩短了寿命，他很快死去了，他的大儿子太康继承了王位。太康从小就跟着他父亲学喝酒、学打猎，生活比夏启更腐败。他做了王，丢开国家大事不管，带着家里人和亲信到洛水北岸去打猎，一去就是几个月，快乐得忘了回家。

这时候，东边的东夷族强大起来了。东夷族的首领叫后羿，是个百发百中的射箭能手，后羿看到太康长期出外打猎，丢下国家大事不管，引起老百姓的怨恨，就乘机夺取了夏朝的首都安邑（在现在山西省安邑县境内），不让太康回来，把太康的弟弟仲康立为傀儡王，由他自己掌握国家大权。

可是后羿自己也喜欢打猎，喜欢玩乐，不善于管理国家大事。他手下有四个很能干而又正直的人，他不信任，却信任一个惯会献媚、挑拨是非的寒浞。寒浞找一帮人专门陪着后羿去打猎，自己躲在家里搞阴谋。他用小恩小惠收买了后羿的家奴，唆使他们谋害后羿。有一

第一章 捍闱

天,后羿打猎回来,寒促和后羿的家奴用酒把他灌醉,杀死了他。寒促霸占了后羿的妻子和全部家产,掌了大权。寒浞生了两个儿子,二个取名叫浇,长大后封在过这个地方(在现在山东省境内),所以又叫过浇。一个取名叫,长大后封在戈这个地方(在现在河南省境内),所以又叫戈。

再说那个被后羿立为傀儡王的仲康,由于行动不自由,心情不痛快,很快就死了。他的儿子后相继承了王位。后相不愿意做傀儡,逃出去投靠同姓的斟灌氏和斟氏。寒浞怕后相的势力壮大,回来复兴夏朝,就派大儿子过浇带兵去进攻斟灌氏和斟氏,杀死了后相。后相的妻子后缗这时候正怀孕,她躲开过浇的搜捕,从墙洞里偷偷爬了出去,投靠自己的娘家有仍氏。有仍氏姓任,是一个小部落,地处现在山东省济宁县一带。他们把九死一生逃回娘家来的后缗收留下来,让她安安稳稳地生了个儿子,取名叫做少康。按辈份排起来,少康是夏禹的玄孙,夏启的曾孙。

少康从小就很聪明,有心计。后缗觉得这个儿子很有希望,在他刚刚懂事的时候,就把他祖父一辈太康荒唐失国,仲康做傀儡忧愤而死,以及他父亲后相

被杀害等惨痛情形全都告诉了他,并且叮嘱他长大以后一定要为祖父和父亲报仇,把失去了的国家大权夺回来。

少康自幼受到这种报仇雪耻的教育,果然立志发愤图强,为复兴夏朝做准备。他先在外祖父有仍氏那里担任管理畜牧业的官,一有机会就学习带兵打仗的本领,并且时时刻刻对杀父仇人过浇保持着警惕。过浇果然打听到了少康的下落,派一个叫做椒的大将,到有仍氏部落来搜捕少康。少康早有准备,赶快逃奔到虞舜的后代有虞氏那里,躲过了椒的搜捕。有虞氏的首领虞思看到少康很有出息,叫他在部落里担任管理膳食的官,学习管理财物的本领。这样,少康就变成了一个文武双全的人。虞思看到少康为人可靠,就把自己的女儿嫁给他,并且把一块叫纶的地方交给他管理。纶这个地方方圆十里,有很好的田地,有五百名士兵。少康就有了恢复夏朝的根据地和武装力量。

少康在给关心老百姓的疾苦,宣扬他的高祖夏禹的功德,争取人们支持他复兴故国。他把那些被后羿和寒浞搞得妻离子散、家破人亡、流浪在外的夏朝旧官吏召集来,叫他们跟着他打回老家去。他先派一个名叫女艾

第一章 捭阖

的大将去刺探过浇的虚实，又派自己的儿子季杼去消灭戈，削弱过浇的力量。女艾和季杼都出色地完成了任务。少康对于过浇那边的情况已经了如指掌，并且由于消灭了戈，也使得过浇处于孤立无援的地位。

一切都准备好了，少康便从纶地起兵，历数后羿、寒浞、过浇等人的罪行，杀奔夏朝的旧都城安邑。这时候寒浞已经死去，过浇虽然想顽抗，怎奈大势已去，终于被少康消灭了。天下又回到了夏禹子孙的手里。这件事，历史上称为"少康复国"或"少康中兴"。据推算，从太康失国到少康复国，共约六七十年。这六七十年的前二三十年是后羿掌权，还没有夺取王位；后四十年寒促掌权，夺取了夏朝的王位。

关于少康复国的故事，《左传》中有具体的记载，但是时间已经相隔一千五百多年，所以有些历史学家不相信这件事情的真实性。尽管这样，这个历史故事还是反映了夷夏之间奴隶主贵族争夺权利的斗争。夏族是现今汉族的老祖宗，夷族则是少数民族。夷族的后羿和寒浞夺取了夏族的政权，最后又被夏族打败，这说明了在远古时代，夏族和夷族曾经通过战争，逐步实现了民族的融合。

二、周武王夺天下

周武王，姓姬名发，周文王姬昌的次子，母太姒，正妻邑姜。由于姬昌的大儿子伯邑考在营救父亲时被纣王杀害，因此，姬昌便立姬发为太子。

岐周在周文王的治理下，国力日渐强盛，天下已经占有三分之二，尤其是文王的仁政、德政更是深得人心。由于阶级矛盾的尖锐，当时经常有奴隶逃亡，贪得无厌的纣王便想方设法地四处招诱逃亡奴隶。结果这种短视行为导致商王室与其他方国的奴隶主结下仇怨，失去他们的支持。周文王针对这种情况，制订了"亡荒阅"法律，积极搜索、捕捉逃亡奴隶，然后归还原来所属奴隶主。这一措施深受各国奴隶主的欢迎，从而使岐周更进一步争取到其他各方国的大力支持，为以后夺取天下打下坚实的基础。

公元前1033年，周文王去世，临终前叮嘱儿子姬发不要犹豫，要抓住时机，果断出击。周武王继位后继续重用姜太公、周公、召公、康叔、丹季等良臣，励精图治，国力得到进一步的发展。同时继续联合各方国，

第一章 捭阖

孤立商王室。为了不动摇军心、人心,姬发封锁周文王去世消息,秘不发丧,仍然沿用周文王的年号,自己仍用太子自称。第三年,周武王在孟津渡口举行大型的阅兵仪式和军事演习,这一盛会其实是伐商前的军事准备和检阅。结果竟然有八百诸侯闻讯赶来参加这一盛会。天下人心所向,由此可见一斑。诸侯们跟周武王说讨伐商朝的时机已经到了,劝周武王乘机起兵讨伐商纣。但周武王和姜太公商量后,认为商纣虽然政治腐败,人心涣散,但军事力量还比较强大,伐商时机还不成熟,便率兵回去。

又过了两年,昏庸无道、暴虐不仁的纣王依然不思悔改,甚至变本加厉地搜刮民脂民膏,虐杀忠臣,阶级矛盾更加尖锐,政治更加腐败,内外交困,已经是病入膏肓,不可救药了。周武王和姜太公通过分析研究,认为灭商时机已经成熟,于是他们遵照周文王临终前所做的"时至而勿疑"的指示精神,于公元前1029年果断出兵伐商。

伐商的周师浩浩荡荡,士气高昂。但出师伊始并不顺利,因为古人比较迷信,逢大事都要占卜,看预兆,结果刚刚出兵,就撞上太岁的方位,从迷信的观点看

来,是大凶。队伍到了河南氾水这个地方,又遇到大水。来到怀城,又恰好土崩。走至共头山,又碰到山崩。种种不祥之兆,使许多大臣很害怕,认为应该马上退兵,另行择日。但周武王决心已下,对即将到来的胜利充满信心,认为这些所谓的凶兆并不可信,于是队伍继续前进。

到了商都朝哥郊外的牧野,联合各方国的部队,周武王在此举行战前动员大会。在会上,周武王意气风发,先向将士们表示慰问,然后历数商纣王五大罪状:一是偏听妇人的话;二是不敬祖宗神灵,忽视祭祀祖宗神灵的大事;三是遗弃同宗的长辈、兄弟,甚至加以残杀;四是宠用小人、逃亡罪人;五是暴虐无道,残害百姓。接着周武王自称是奉天讨伐商纣,是正义之师,以此进一步鼓舞士气。最后又宣布纪律,要求将士们奋勇杀敌,严守军纪。显然,周武王的目标达到了,军队的士气空前高涨。

面对强敌,纣王匆忙调集军队,为了在数量上占据优势,他还把大批奴隶和战俘集中起来,做为军队前锋。这样匆匆凑集在一起,居然也有七十万大军,在数量上占据了绝对优势。但是这样一支胡乱凑成的军队丝

第一章 捭阖

毫没有战斗力,更遑论这些奴隶和战俘们根本没有为纣王而战的心思。因此一上战场,他们马上掉转武器,反而成为周军的前锋。这样,局势马上扭转,周军占据了绝对优势,特别是有着高涨士气,战场上简直成了战斗力非常强的周军对战斗力低下的商军的屠杀。牧野之战,血流成河,异常惨烈,胜负已经分出。纣王眼看大势已去,再也无力回天,于是便仓皇逃到平时作威作福、淫乐无度的鹿台放火自焚。

夺得天下的周武王并没有松懈,对于如何处理原来殷商的大臣和奴隶主、民众,他极为重视,最后听从了周公的建议,把一切罪责归于纣王身上,其他的奴隶主仍然做他们的奴隶主,民众仍然过他们以前的生活,种他们以前自己的田,住他们以前自己的屋子。甚至封纣王的儿子武庚为商后,采取"以殷治殷"的手段,并打开监狱释放政治犯,表彰被纣王残杀的大臣,使原来心存迟疑的殷商奴隶主阶级和老百姓彻底放心。这一策略成功地把商周之间的民族斗争转化为商族内部的斗争,把商周之间的矛盾消化于无形,同时争取到了人心,对于建国伊始国家、社会的安宁团结有着极为重要的作用。但是这一做法也为周武王死后武庚作乱留下隐患。

虽然当时周武王已经有所考虑,把武庚的治地分为三个封区,派自己的三个弟弟管叔、蔡叔、霍叔去统治,以监视牵制武庚。可没成想武庚后来却与管叔、蔡叔串通,举行大规模的武装叛乱,这已经是后话了。看来亲兄弟也不可靠呀。

面对百废待举的局面,面对满目疮痍的国家,周武王忧心忡忡,一门心思思考着如何治理好国家,使天下安定,百姓安居乐业,国家兴旺强盛。他登上山,看着山下华丽的都城,想到殷商原来是如何的强大兴盛,可是顷刻之间便失去了天下。想到自己现在得到的天下还是充满着变数,他更是心急如焚,生怕刚刚到手的天下又发生动乱。为此,他经常失眠,加上整天忙于处理繁重的军国大事,日理万机,积劳成疾,终于公元前1027年因病去世,时年五十四岁,离他夺取天下才只有两年。

三、周公旦的故事

周武王坐天下后的第二年,生了大病,快要死了,周公旦就想代他哥哥死,于是就很虔诚的祈祷祖先,这时候好玩的来了,结果祈祷的巫官讲不得了,祖先就是

第一章　捭阖

要让武王死掉,他没有你本事大,然后要你来代替他的位置,这样周的天下才会长久,周公旦听了也很惊讶,就祈祷自己的爷爷,叔爷爷,爸爸,真是这个意思么？结果回答是吉祥,周公旦当时很镇定的把这些求卦的书很小心的锁起来藏好,又警告巫官不许乱说话,否则诛九族,然后自己进宫跟皇帝哥哥说：哥哥你没事,祖先说了你会好的,不过祖先真正的话还真准,武王几天后就死了。

武王死了,周公旦没听祖先的话,立了武王的儿子当皇帝,是为成王,这孩子多大,书上说还在襁褓,周公就开始了摄政王一沐三握发,一饭三吐脯的日子,当叔叔当到这份上也真不容易了,这时候谣言出来了,说周公旦就是想当皇帝,看来那时候这些东西和现在也没两样,大家都窥视那个王位,带头散布谣言的是管叔,姜太公和召公就劝周公旦,搞得有点过火了,周公旦无可奈何的说：我有啥办法,成王孩子小,我不管谁管？同时周公又警告自己的儿子说：小子,别误会,你老爹这么做不是为了让你当皇帝,是为了你太爷爷,你爷爷,还有你大爷我们几个人挣下的这份周家天下,你好好的在鲁国当你的公,故事说到这里忍不住要评论,周

公真是曹操所不能比的,起码曹操自比周公却没说过周公教训儿子的这种话。

转过年来,周公旦把管叔还有那些余党包括商的后人来了次清洗,这判断,够精确,不愧是当国之人,管他娘的谁造谣,重点清洗了商后人,你们再闹也还是我们周家人自己家的事,想颠覆,门都没有。

转眼间,成王长大了,这摄政王叔的位置有点尴尬了,这周公还真是好心,开始劝大侄子,年长了要注意别老和宫女混在一起,当年商纣要不是和宫女们整天厮混,也不至于被咱们夺了天下,教训啊,还特意把这些话写成戒条,让太监整天读给成王听,后人要是把这段写成小说也够段宫庭密史的,不过也不能否认,这是周公旦厚道的地方,如果真想篡位,妈的老子还真嫌你身边女人不够多呢,皇帝房事好厉害哦,来,叔叔再从民间给你搜罗几个绝色佳人,所以说,看看人家周公旦,只是能羞煞春秋以后擅长权术的曹操之流,

生老病死,谁都逃不了,周公也要得病挂了,临死时特意交代,别把我埋回封地鲁国,就在周地就可以了,故事讲到这里,本人很是佩服周公旦,绝对当国高手,他要真当了皇帝,恐怕中华还真能少了春秋战国之

乱,老先生为什么不回封地葬,这就是高明啊,周礼中记载,皇帝近臣必须葬于皇帝周围,周公放弃封地葬,而以臣子礼葬,妈的,这老先生太懂权谋之术了,假使老先生真当皇帝,逐渐收回了诸外藩的王权。

周公旦死了,用臣子礼葬的,老天不干了,一边下暴雨,一边闹大旱,反正用现在的话讲就是气候异常,成王开始问巫官,到底怎么了,巫官不敢讲,成王说不诛你九族,巫官说了实话,把最早武王时代的那些找出来了,成王看了估计是吓了一身冷汗,心想,妈妈呀,原来我这位置是叔叔厚道不夺啊,急忙下令,以后鲁国国君享受皇帝待遇,允许用皇帝礼乐,这才总算给祖宗一个交代,这件事情还引发了春秋孔老夫子看到鲁君的臣子用八脩之乐的一段愤怒。

四、和氏璧的故事

卞和是春秋时期的楚国人,一天,他跑到荆山上游览,发现一块不同寻常的石头,表面发出白色亮光,击之发出清脆悦耳的声音。他凭着几十年的经验,认定这块不寻常的大石头的里面蕴藏着一块非常珍贵的白玉,

鬼谷子

如果打开以后,请能工巧匠取出來,再加以精心雕琢,肯定是一件"国宝"。

当卞和抱着這块"璞玉"回家以后,心中盘算着,這样的稀世之宝只有献给当今的国王才是上策。主意既定,他就离开家门,带着"璞玉"奔向国都而去。

当时楚厉王当政,听到這个好消息要亲自接见他。先听卞和进述了一遍"璞玉"发现的经过以及"璞玉"的珍贵道理。厉王听后,将信將疑,反复察看這块"璞玉",终究看不出玉的样子來。於是,喊來王宫里的玉匠,玉匠們也查看了一遍,皱皱眉头,毫不在意地对厉王说:"這有什么稀奇!不像玉,而是一块普普通通的石头。"

厉王大怒,再不让卞和分辩,立即下令:"卞和犯了欺君之罪,给他处以刖刑!"武士們立刻將卞和推出宫外,一刀砍掉他的左脚。

楚厉王去世后,楚武王即位。卞和又萌发了献玉的心思,他想,也許武王是位英明的君主,能够识宝,不妨再去试试。於是抱着"璞玉"一跛一跛地走向王宫,將宝玉献给楚武王。谁知楚武王与楚厉王一样,都是不识玉的君王,於是又找來玉匠來鉴别,没想到,這个玉

第一章 掉阎

匠就是上次楚厉王找过的。這个玉匠自然又是漫不经心地说:"這不是玉,是一块普通的石头。上次企图以此來欺骗厉王没有成功,如今又想故伎重演,再骗一次武王,你存什么心思?"不等卞和开口申辩,就喝令武士將卞和推出宫门,把右脚砍掉了。

楚武王去世后,楚文王即位。卞和又萌发了献宝的决心。怀着一线希望,又抱起"璞玉"爬向王宫。他一面爬,一面哭,一连3天,几乎血都哭出來了,终於來到王宫。文王十分感动,决定亲自接见。同时,文王还召來好几名熟悉玉石加工的巧匠,一起來"会诊",经过他們再三察看,终於得出共同的结论:"表面虽是一块不起眼的石头,里边确实埋藏着一块玉,一块很珍贵的宝玉"。

文王命令玉匠当场打开验看,果然是一块颇大的白色无瑕、微微透明、放射着珍珠般光芒的玉石。在场的君臣与工匠們都傻了眼,无不交口称赞卞和的耿耿忠心和他识玉的特殊本领。随后,楚文王又命工匠們加工雕琢成一块白璧,为了纪念和表彰卞和的功劳,命名为"和氏璧",存放在国库内妥为保管,作为传世之宝。又过了很多年月,不知为什么原因,這块传世之宝的和氏

璧竟流落到中原地区的赵国,当时赵惠文王在位,掌握了這件国宝,自然十分自豪。谁料当时赵国的西边是秦国,当政者昭襄王听到这个消息,很想得到和氏璧,凭他自己的强大,想用软硬兼施的办法威胁赵惠文王。

公元前283年,秦昭襄王派遣使臣,带着国书來到赵国,求见赵惠文王,说秦王愿意拿出与赵国相邻的15座城池交换和氏璧。赵惠文王听后,心情非常矛盾——如果不同意交换,得罪了秦王,秦国出兵來攻打,肯定受不了;如果同意交换,又怕受骗上当,不仅和氏璧取走,恐怕15座城池也不一定能归属给赵国。

有人建议,请蔺相如过來想想办法,赵王召见了蔺相如,蔺相如愿意担此重任,决定亲自带着和氏璧去秦国走一趟,於是选了几位机警的随从出发了。蔺相如一行到了秦国首都咸阳,秦昭襄王很高兴地在朝廷上接见了他,蔺相如把和氏璧献上去,秦昭襄王接过璧,看了看,笑逐颜开,顺手把璧递给左右侍女,让大伙传看,大臣們也都异常高兴,纷纷向秦王祝贺道喜。蔺相如在朝堂上等了很久,却不见秦王提交换城池的事,他暗自思忖:"莫非秦王不拿城池來交换?這块和氏璧已经落到秦王手中,怎么办?"他急中生智,上前对秦昭襄王

第一章 捭阖

说："這块璧虽然说挺名贵，可是也有一点小毛病，不容易瞧出来，让我来指给大王看看。"秦昭襄王信以为真，就吩咐身边的大臣将和氏璧递给蔺相如。蔺相如拿到璧以后，向后退了几步，靠在大柱子上怒目圆睁地说："大王派使者来到赵国，说好愿以15座城池交换赵国的璧，赵王诚心诚意地派我把璧送来，可是大王并没有交换的诚意，如今璧在我的手中，如大王一定要逼我的话，我宁将我的脑袋与璧一起碰碎！"说完，他装着要向大柱碰撞的样子。秦王见此情景，怕碎了璧，连忙道歉说："先生！别误会了，我哪能说话不算数呢！"他就命令臣子铺开地图，准备划地给赵国。蔺相如想，可别再上当了。就说："赵王托我送璧到秦国来之前，斋戒5天，举行了隆重的送璧仪式。大王如果真要璧，也得斋戒5天。然后举行受璧的隆重典礼，我方能将璧交给大王。"秦王一想，反正你已到咸阳，一时也跑不了，就让蔺相如回宾馆休息。蔺相如暗地里将和氏璧让随员带着，从山间小路日夜兼程潜回赵国。5天的时光很快过去了，秦昭襄王召集大臣们和其他国家驻在咸阳的使节，隆重地举行接受和氏璧的仪式，传蔺相如上朝蔺相如不慌不忙地走上殿堂，向秦昭襄王行了礼。

鬼谷子

秦昭襄王说："我已经戒斋5天了，现在你把璧拿出来吧！"蔺相如说："秦国自秦穆公以来，先后几十位君主，没有一个讲信义的。我此次来秦，怕受欺骗，丢了璧，对不起赵王。所以把璧送回赵国去了，请大王给我治罪吧！"秦王听到这里，怒火万丈，大发雷霆说："是你欺骗了我？还是我欺骗了你？"蔺相如镇静地说："请大王别发怒，让我把话说完。天下诸侯都知道秦是有名的强国，赵是弱国。天下只有强国欺负弱国，哪有弱国欺负强国之理？如果大王真想要这块和氏璧的话，请先把15座城池割让给赵国，然后打发使臣一起跟我回赵取璧，赵国得了15座城池以后，决不敢不把璧交出来的。"秦昭襄王听蔺相如说得句句在理，不好意思翻脸，只得说："一块璧只不过是一块璧，不能为这件小事伤了我们两国的和气。"最后，秦昭襄王也只好让蔺相如平安回到赵国去。

五、顺应原因的结果

周朝周敬王的时候，名叫朝的王子兴兵作乱，他们占据了王城洛邑。周敬王被撵到刘地、滑地，后来得到

第一章 捭阖

晋国的救援，才到了成周这个地方。这时王子朝虽然跑到楚国去了，可他的余部仍然控制着王城洛邑。周敬王不敢回去，于是便在成周住下。

周敬王的卿大夫刘文公和苌弘，想在成周筑起城墙，使它成为王城，就派人去晋国请求支持。晋国的国君魏献子准备答应他们的请求，来联合别的诸侯国，从而帮助周敬王在成周建立一个王城。正好这时卫国的大夫彪傒来到这里，听说筑城的事，很不赞成。然而他没有公开表示意见，而是去找周敬王的另一位卿士单穆公，他十分诚恳地对他说：

"我看苌弘这个人马上就要遭殃了。天的支柱是不能坏的，而一旦坏了天也就不能支持了。现今周朝的支柱已经坏了，已经支持不下去了，这是天意，人力是无法挽回的。周朝从幽王以来，就慢慢地衰落下去。俗语说得好：从善如登，从恶如崩。作好事像登山那么费劲儿，可学坏、堕落下来就像山崩一样，速度快得很呀！你回顾历史上各朝各代的兴衰，哪个不是如此！先前的夏朝从孔甲开始乱法，仅经过四代就灭亡了；商朝的兴起从玄王开始，勤身修德，经过十四代才获得天下，可是从帝甲开始衰落，只七代就垮台了。周朝经过十五代

 鬼谷子

才建立起来,可是从周幽王作战到现在又过去十四代了,已经无法补救了,灭亡是必然的了。可是苌弘还想扶植它,这不是白费工夫吗?恐怕他将来还可能因此招来灾祸呢!"

没过几年,果然应了彪傒的话,苌弘被人所杀,而且遭到灭族之祸。

六、晏子劝说齐景公

春秋时期,齐国国君齐景公很爱游玩。一天中午,他披着长发,乘着六匹马拉的车,身边坐着几个美女,从宫门往外走,不想,却让一个曾受过酷刑的守门人当面挡住了。他揪住马缰绳边打马头边对齐景公说:"不准出去,你披头散发,那象是我们的国君!"

齐景公又生气,又懊悔,返回宫里,好几天都不料理国事。

宰相晏子知道了其中的缘由,就找到齐景公,故意问他近几日为什么不理朝政。齐景公说:"前几天,我驾车出宫门,那个一瘸一拐的守门人竟把马打了回来,还出言不逊,我身为国君,受人羞辱,有何面目上朝?"

第一章 捭阖

听到这里，晏子忙向齐景公连连拱手说："我应该向您道喜，您怎么倒感到羞愧呢？"

"你道什么喜？"

"我听人说，如果臣民百姓不敢直言，朝内必然隐藏着祸患。君主圣明，臣下才敢讲话；国君宽宏大度，百姓才能拥护。您蓬头垢面地出宫门，确实不象国君的样子。连受了酷刑的人也敢讲实话，毫不客气地阻止您，说明他们真心拥护、爱戴您。这是您的福气，所以我来庆贺。"

晏子说得句句在理，齐景公不禁点头称是。晏子又接着说："我建议赏赐那个守门人，奖励他敢给国君提批评意见，这可以帮助你得到更多的人才。"齐景公采纳了晏子的建议，给守门人增加了一倍的俸禄。

此后，齐景公按时上朝料理国事，也不断出去游玩。这一天，他到了一个叫作的纪地方。纪原来是个小国，在齐景公执政100多年前被齐国灭掉了，老百姓听说齐景公来巡视，就把从地下挖出的一只金壶献给齐景公。齐景公叫人把壶盖打开，发现里面藏着两片竹简，上面用红漆写着八个字："食鱼无反，勿乘驽马。"

齐景公说："好！这句话说得好。它告诉后人，吃

鬼谷子

鱼的时候吃了一面不要把反面也吃掉,可以防止鱼腥太重;勿乘驽马,因为驽马不能走远路。"

晏子在一旁却说:"您说得不对,'食鱼无反',是告诫国君不要耗尽民力;'勿乘驾马',意思是不要让小人靠近国君身旁?"

齐景公说:"照你这么说,纪国国君是很有远见的人了,那纪国怎么会灭亡呢?"

晏子说:"我听说过,国君的治国之道,应该书写出来,悬挂在每座城门上、每家门口上,让全国的老百姓都知道,这样才能君民同心,上下协力。而纪国国君虽然有远见卓识,却把它藏在金壶里,埋在地底下,这样有谁知道呢?不亡国还等待何时!"

齐景公对这样的解释很满意。

七、生灵涂炭

"生灵涂炭"形容老百姓极端困苦,处于水深火热之中。

此典出自《晋书·苻丕传》:"先帝晏驾贼庭,京师鞠为戎穴,神州萧条,生灵涂炭。天未亡秦,社稷有

第一章 摒阖

奉。主上圣德恢弘，道侔光武，所在宅心，天人归属，必当隆中兴之功，复配天之美。"

公元383年，前秦国的君主率军攻打东晋，结果在淝水之战中一败涂地，前秦国从此一蹶不振。后燕、后秦等国乘机攻打前秦，国都长安被围困。

公元385年苻坚退到五将山，后秦的君王姚苌派将军吴忠把五将山团团围住。苻坚的士兵见大势已去，都纷纷溃散逃走了，只剩下十多个亲兵跟着苻坚。苻坚神色自若，叫人送来食物，边吃边等待吴忠到来。不一会儿，吴忠来到了，把苻坚绑住，带回新平，单独囚禁在一间屋子里。姚苌向苻坚要传国玺，苻坚瞪起眼睛，说："五胡次序，没有你们羌人的名字。你这个小羌人胆敢威逼天子，我怎能把传国玺给你？"他骂不绝口，只求一死。于是姚苌下令在新平的佛寺中把苻坚勒死了。当时，苻坚四十八岁。

苻坚有一个长庶子，叫苻丕，字永叔，自幼聪慧好学，通晓经史，又学过兵法，其文韬武略不亚于叔叔苻融，也跟着苻坚打了不少仗。苻坚死后，幽州刺史王永劝苻丕即任皇位，苻丕答应了，遂于当年在晋阳即位。

后来，苻丕任王永为左丞相。王永主张报仇雪耻，

鬼谷子

向各州郡发下文书,说:"先帝(苻坚)死在贼人姚苌的手里,京都长安穷困,成为敌人的巢穴,天下凋敝冷落,百姓生活在水深火热之中,困苦不堪。幸亏天不亡秦,国家有了接班人。如今君主圣明贤德,气度恢弘,道比光武帝刘秀,所在归心,天下归顺,一定会创出秦国中兴的大功,堪配天意之美。"

王永号召天下人齐心协力,报效国家,与仇敌们决一死战。不久,苻丕的军队在孙丘谷打败了姚苌的左将军姚方成、镇远将军强京,出了一口怨气。

八、十室九空

"十室九空"形容灾荒、战乱或苛捐杂税造成百姓贫困、颠沛流离的悲惨景象。

此典出自《宋史·余靖传》:"今自西陲用兵,国帑虚竭,民亡储蓄,十室九空。陛下若勤劳罪己,忧人之忧,则四民安居,海内蒙福。如不恤民病,广事浮费,奉佛求福,非天下所望也。"

北宋大臣余靖,青年时就以才华出众著称,他当过县尉、知县、秘书丞。上书言事,颇有学识,又被提拔

第一章　捭阖

为集贤院校理，修订班固《汉书》等典籍。

当时，革新派范仲淹因上书言事而遭贬斥，谏官御史都没有人敢替他求情。余靖上书说："范仲淹因弹劾大臣而获罪，这是不应该的。如果他的话不符合皇上的心意，那么皇上听也可以，不听也可以，怎么能给范仲淹治罪呢？这样一来，可能天下人都不敢开口说话了。"不料，余靖也因此被降了职。当时欧阳修、尹洙等有名人物都因替范仲淹说情而遭贬，余靖也因此名声在外了。庆历年间，宋仁宗（赵祯）决心改革弊制，增设谏官，任命余靖为右正言。

有一次，开宝寺灵感塔发生火灾，有人传言说，灵感塔中的佛舍利不但没有被烧毁，而且闪闪发光呢。他们乘机蛊惑人心，想重修灵感塔，弄得宋仁宗也犹豫不决。余靖上书说："臣听说，自古以来的贤能帝王，都能勤劳俭朴，推行德政，感化天下人心。即使发生了苦难，也能顺利度过。如今自从在西部边境用兵以来，国库空虚，财力耗尽，百姓没有积蓄，流离失所，十室九空。如果陛下奋发图强，痛改自己的过失，忧天下人之所忧，那么，四方百姓就会安居乐业，天下人就会蒙受陛下的恩泽。如果不体恤百姓的疾苦，事事挥霍浪费，

用修复佛塔、供奉佛舍利的办法祈求天下太平,这不是天下人所希望的。有人说,佛舍利经大火焚烧还没有被烧坏,这不是神异之事吗?这种说法是荒诞的。佛舍利本来就埋藏在土中,大火根本烧不到它,又怎么会烧坏呢?又有人说佛舍利都能发出奇异的光泽,必定有神灵庇护,这种说法更是无稽之谈。如果说神仙有灵,可是却连一个佛塔都保护不了,被大火烧毁了,又怎能靠神仙来保护天下百姓呢?"

九、兔死狗烹

"兔死狗烹"比喻事情办成以后,把曾经出过力的人抛弃或杀掉。

此典出自《史记·越王勾践世家》:"飞鸟尽,良弓藏;狡兔死,走狗烹。"

赵王勾践的大夫范蠡,曾替越国立下了汗马功劳;在越国和吴国发生战争,越方军事失利时,范蠡劝勾践向吴王夫差暂时忍辱投降;等到时机成熟,形势有利时,又替勾践策划兴兵攻吴,结果越王复国报仇。对越国来说,范蠡确实是一个大功臣,本来可以在勾践复国

第一章 捭阖

后,享受荣华富贵,来补偿以往所付出的辛劳代价;但是范蠡没有这样做,宁愿舍弃了富贵荣华,自行引退,过着闲云野鹤般的生活。后来,他托人带了一封信给从前的大夫文种,劝文种也舍弃功名富贵,以免招惹灾祸。

范蠡在信中对文种说:"用来射鸟的弓,等到没有鸟时,人们会把弓收藏起来,对弓也没有什么损害;而用来猎兔的狗,在行猎时,或许会被凶猛的野兽伤害,等到兔子被捕杀后,主人更会把它杀掉吃肉,连性命也保不住。越王是可以与之共患难的人,而不可以与他共享乐。你为什么还不远离他呢?"文种没有听从范蠡的劝告,最后终被勾践所杀。

一〇、扁鹊见秦武王

这则寓言说明要"与知者谋之",不要"与不知者败之",要按照科学规律办事,依靠真知灼见,莫听喷声烦言。除病与知政,都是同一个道理。

此典出自《战国策·秦策》:"医扁鹊见秦武王,武王示之病,扁鹊请除。"

这段话意思是说：名医扁鹊朝见秦武王，武王声称自己有些什么病，扁鹊看后表示要给武王医治。

左右近臣们说："君王的病是在耳朵的前面，眼睛的下面，要医治它不一定能彻底治愈，反之会把耳朵搞聋，眼睛搞瞎。"

武王把这些话告诉了扁鹊。

扁鹊一听大怒，立刻扔掉了手中的石针道："君王和知道病理的人商量治病的事，却又和不懂医道的人一同败坏它。如果像这样去管理秦国的政治的话，那么秦国很快就要亡国了！"

一一、管仲的"买鹿之谋"

春秋时期，齐国宰相管仲，把齐国治理得很好，征服了许多割据一方的诸侯国。后来，只剩下楚国不听齐国的号令了。齐国又准备征服楚国。

当时，齐国有好几位大将军纷纷向齐桓公请战，要求率重兵去打楚国。担任宰相的管仲却连连摇头。他激动地对大将军说："齐楚交战，旗鼓相当，够一阵拼杀的。齐就粮草而言，得把辛辛苦苦积蓄下的粮草倾仓用

第一章 捭阖

光;更有齐楚两国万人的生灵将成尸骨!"

大将军们哑口无言,都用询问的目光注视着智慧超人、功劳卓著的管仲。管仲则不慌不忙,带大将军们看齐人炼铜铸钱去了。

一天,管仲派100多名商人到楚国去购鹿。当时,鹿是较稀少的动物,仅楚国才有。但人们只把鹿作为一般的可食动物,二枚铜币就买一头。管仲派的商人在楚国到处扬言:"齐恒公好鹿,不惜重金。"

齐商人开始购鹿,三枚铜币一头。过了10天,加价为五枚铜币一头。

楚国的楚成王和大臣闻此事后,颇为兴奋。他们认为繁荣昌盛的齐国即将遭殃,因为10年前卫国的卫懿公好鹤而把国亡了,齐恒公好鹿正蹈其覆辙。他们在宫殿里大吃大喝,等待齐国大伤元气,他们好坐得天下。

管仲却把鹿价又提高到40枚铜币一头。

楚人见一头鹿的价钱与万斤粮食相同,纷纷做猎具奔往深山去捕鹿,不再种田;连楚国官兵也陆续将兵器换成猎具,偷偷上山了。

一年,楚地大荒,铜币却堆成了山。

楚人欲用铜币去买粮食,却无处买。管仲已发号齐

鬼谷子

今,禁止各诸侯国与楚通粮商。

这么一来,楚军人黄马瘦,大大丧失了战斗力。管仲见时机已到,即集合八路诸侯之军,浩浩荡荡,开往楚境,大有席卷之势。楚成王内外交困,无可奈何,忙派大臣求和,同意不

再割据一方,欺凌小国,保证接受齐国的号令。

管仲不动一刀,不杀一人,就治服了本来强大的楚国,为东周列国赢得了一个安定的时期。后来,有人把管仲这次用的计策称为"买鹿之谋"。

一二、半部《论语》治天下

这个典故形容以学识辅佐君王。"半部《论语》治天下",也可省作"半部《论语》"。

此典出自宋代罗大经《鹤林玉露》乙编卷一:"太宗尝以此语句问普,普略不隐,对曰:'臣平生所知,诚不出此。普以其半辅太祖定天下,今欲以其半辅陛下致太平。'"

春秋时代的孔子有许多关于治国的论调。孔子的学生把他的言行整理记录下来,成为儒家的经典著作,人

们称之为《论语》。

宋代赵普任宰相时,有人说他只读过《论语》一部书。宋太宗(赵光义)把这些话告诉了赵普,并问他是不是这样?赵普一点也不隐讳,坦诚地回答道:"我平生所学,确实没有超出《论语》。从前,我以半部《论语》辅佐宋太祖(赵匡胤)打下天下,今天,我要以另半部《论语》辅佐陛下建立太平盛世。"

一三、老马识途

此典出自《韩非子·说林上》:"管仲、隰朋从于桓公而伐孤竹,春往冬返,迷惑失道。管仲曰:'老马之智可用也。'乃放老马而随之,遂得道。"

上面这段古文的大意是说,齐桓公等人迷失了方向,于是放马领路,终于找到归途。这就是我们今天所说的"老马识途"典故的由来。

说到"老马识途"这个典故,很自然地让我们联想到与它相关的另外几个典故,如:"老马知道"、"老马知路"、"马识路"、"马识途"等。其实,它们都是"老马识途"这个典故的翻新,因为这些典故都是用来

鬼谷子

比喻富有经验、知晓是非的人。那么,这个典故与军事又有什么联系呢?

这个典故说的是公元前663年,齐国发兵讨伐孤竹国(孤竹国位于今天的河北省卢龙县南面)。当时,跟齐桓公出征的还有大夫管仲——他不仅知识渊博,而且足智多谋。

齐国军队讨伐孤竹的这场战争,从春季开始,凯旋时已是冬天。由于齐军不熟悉孤竹国的地理,加上风沙、浓雾遮天蔽日,齐军在回师途中迷失了道路。

当时指南针还没问世,更谈不上现代化的通信工具。如此恶劣的气候,使齐军根本无法分辨南北东西。

管仲一看,如果这样毫无目标地走下去,等粮草一尽,非得全军覆没不可。于是,他忙下令,将部队集合起来,先扎下营,再想办法。

部队集合后,管仲发现齐军进入了一个地势险要的山谷,今天我们管这种地方叫"迷谷"。他先派出几支人马,分头去寻找出路。

但是这个地方山高谷深,到处都是悬崖峭壁,派出去的人马绕来绕去,就是找不到出口。

齐桓公非常焦急,一时不知道该怎么办才好。这时,管仲想了想,对齐桓公说:"我听老人们讲,动物识路,'狗记三千','猫记八百',马也许会有记路的本领,尤其是那些老马。我们可以挑选几匹,解开缰绳,看看这些老马认不认得路。"齐桓公听了觉得有道理,就让管仲试试。

管仲让人挑选了几匹老马,卸去笼头,解开缰绳,放它们自由行走。这几匹老马又饥又渴,获得自由后就没命地向"家"的方向跑。齐国的大军紧紧地跟在这些老马的后面。老马果然识途,齐军终于走出了"迷谷"。

"老马识途"这个典故,原意是说老马认得出道路,今天多指有经验的人对情况熟悉,能把事情办好。一个"老"字,包含着经验和智慧。

一四、图穷匕见

此典故最早记载在《战国策·燕策三》中。

这个故事发生在公元前227年,燕国太子丹派刺客荆轲和一个叫秦舞阳的助手,去刺杀秦王,秦王就是秦始皇。荆轲、秦舞阳两人为取得秦王的信任,保证刺杀成功,还带了秦国叛将樊於期的人头和藏着匕首的地

鬼谷子

图,来到秦国。

秦王在咸阳宫接见了燕国的两位使者。于是荆轲捧着装人头的盒子,秦舞阳捧着地图上殿。由于秦王一向怕人行刺,所以规定没有他的命令,任何人上殿都不准带武器。他的卫士虽然允许带武器,但只能站在殿外。

荆轲的助手秦舞阳年纪小,没见过这种警卫森严的情景,顿时吓得直哆嗦,连脸色都变了。幸亏荆轲沉着,才没让群臣看出来。

荆轲献上督亢地图,秦王喜上眉梢,因为这督亢之地是当时燕国最富的地方。燕国把这么富裕的地方割让给秦国,他能不高兴吗?秦王让荆轲把地图打开。

荆轲慢慢地把地图展开,图展尽时,露出一把明晃晃的匕首。秦王顿时大惊失色。荆轲趁机一下子扑上去,左手一把抓住秦王的袖子,右手紧握匕首向秦王刺去。谁知秦王力大惊人,挣脱开了,荆轲只撕下了秦王的半只袖子。

秦王想拔剑自卫,但宝剑太长,越急越是拔不出来,只得绕着殿上的柱子来回躲闪,殿前的卫士因为没有命令,谁也不敢上殿。荆轲不顾一切地追着秦王,眼看就要刺着了。正在这时,秦王的御医急中生智,将药箱砸向荆轲,荆轲一愣,秦王趁机拔出宝剑,一剑就砍断了荆轲的左腿。荆轲忍着剧痛,用力将匕首投向秦王,秦王一闪,匕首刺中了铜柱。

秦王又惊又恨,举剑向手中已无寸铁的荆轲连砍八剑,最后荆轲被一拥而上的卫士乱刀砍死。

太子丹指使荆轲刺杀秦王的事件,引发了秦王提前灭掉燕国的军事行动。第二年,燕国就被秦灭亡了。

这个典故,在最早的时候,是属褒义;后来经过演变,成了贬义。比喻事情发展到最后,形迹败露,真相和本意就完全暴露出来。

陈毅将军曾在《为苏南摩擦答某君》一诗中,精辟地引用了该典故:

投降缘底事,敌伪已图穷。

充分揭露了国民党不断制造摩擦的反共用心。

一五、完璧归赵

此典出自《史记·廉颇蔺相如列传》:"相如曰:'王必无人,臣愿奉璧往使。城入赵而璧留秦;城不入,臣请完璧归赵。'"

这段话的意思是说,蔺相如对赵国的国君表示,自己愿意带着和氏璧去秦国换十五座城池。如果秦国不给城,他会把和氏璧完好无损地带回赵国。

战国时,秦国的秦昭王听说赵国得了个稀世之宝——和氏璧。此物呈平圆形,中间有个孔,是稀有的玉。秦昭王非常稀罕这个宝物,就派人送信给赵国的赵王,表示秦国愿意以十五座城池来交换和氏璧。

当时,秦国非常强大,赵国比较弱小。赵王怕得罪秦国,找来大臣们商量,想找一个合适的人出使秦国。这时,赵国宫中太监总管缪贤向赵王推荐蔺相如。说这个人胆大心细,足智多谋,由他来作为使者肯定能胜任。赵王正急得没有办法,就同意了,让人请来了蔺相如。

赵王见了蔺相如后就问他:"你说,秦国的秦昭王想用十五座城池来跟我换和氏璧,是跟他换呢,还是不跟他换?"蔺相如想了想,说:"秦国那么强大,不能不给。"其实赵王也知道不给不行。于是他又问蔺相如:"如果秦王得了璧,不给我城,怎么办?"蔺相如说:"秦国主动提出来以城换璧,如果赵国不给璧,那是我国理亏;如果赵国给了璧而秦国不给城,那就是秦国理亏。权衡一下得失,宁可答应秦国,让它去负不讲理的

第一章 捭阖

责任。"

赵王想了想,觉得蔺相如说得有理。那么谁来当这个使者呢?蔺相如拍着胸脯说:"如果没有合适的人的话,我就去走一趟吧。秦国如果给我们城,我就把璧留在秦国;秦国如果只想要璧不给城,那我把完整的璧带回赵国。"于是赵王应允了他的办法。

蔺相如到了秦国后,见到了秦王。秦王一看这和氏璧洁白无瑕、烁烁闪光,真是爱不释手。他的大臣也纷纷争相传看,大臣们看完了,又送到后宫让姬妾传看,却压根儿不提交城的事。

蔺相如见秦王根本就没有交换的诚意,就心生一计,等和氏璧送回到秦王手中时,他走上前去说:"这璧上有个小斑点,请允许我指给大王看。"秦王便命令侍臣将璧递给蔺相如。

蔺相如拿到和氏璧后,顿时声色俱厉地说:"赵王斋戒五天,亲手将国宝交给我,我这才奉璧来到秦国。而大王却傲慢无礼,坐而受璧,只顾君臣观赏,却始终不提交城的事,可见以城换璧是骗人的托辞。所以,我要将璧收回,大王如果要逼我,我情愿和璧一起撞个粉碎。"说着,蔺相如装出真就要撞的样子。秦王怕和氏璧

 鬼谷子

撞碎，那就太可惜了！忙赔不是。他让大臣拿出地图，装模作样地把要割给赵国的十五座城池指给蔺相如看。

蔺相如已经看透了秦王不过是装装样子而已。便说："和氏璧是天下公认的宝物，秦王也必须斋戒五天，然后以最高的礼节接受它。"秦王一看也没有其他的办法，只好答应了。

蔺相如料定秦王不可能给赵国十五座城池。当天夜里，他便派手下化装成老百姓，带着和氏璧回到赵国，实现了"完璧归赵"的诺言。

一六、纸上谈兵

此典出自《史记·廉颇蔺相如列传》："赵括自少时学兵法，言兵事，以天下莫能当。尝与其父奢言兵事，奢不能难，然不谓善。"

上面这段文字，说的是战国时期的赵国将军赵括，很小的时候就习读兵书，喜欢夸夸其谈。有时，就连他的父亲——身为赵国大将的赵奢都很难驳倒他。但赵奢坚持认为赵括并无真才实学。

赵奢，通晓兵法，英勇善战，当时很受赵国国君赵

第一章 捭阖

惠王的器重,被赵惠王封为马服君,地位与廉颇、蔺相如并列。

赵奢的儿子赵括,从小喜欢读兵书,有的兵书,他能大段大段地倒背如流,就连他的父亲赵奢也说不过他。日子长了,赵括便以为天下没有人能比得上自己了。

赵括的母亲看到儿子这样,认为很有出息,不免常常在丈夫面前夸耀。谁知赵奢却不以为然地说:"用兵事关国家安危,他却说得那么简单容易,实际上他只会纸上谈兵。将来如果赵王让他领兵,必败无疑。"

公元前260年,秦国发兵侵略赵国,赵国的新君赵孝成王派老将廉颇迎战。

廉颇一看秦军太强大了,就在长平,也就是今天的山西高平县北固守,一守就是三年。

秦军远道而来,本想速战速决。现在,廉颇坚守不出,一时无法取胜,就派人到赵国去散布谣言,说廉颇老了,胆也小了。如果派赵括担任主将,秦军必败。

赵国的国王果然中了计,准备起用赵括做主将。大臣蔺相如和赵括的父亲都劝赵王,说赵括没有实践经验,只会纸上谈兵,万万不能作为主将。但赵王是死活也听不进去,不仅任命赵括为主将,还赏了好多的黄

金、丝绸给赵括。

赵括到了长平后,接过了帅印,立即改变了廉颇的兵力部署,一切按兵书上写的去做。这时,秦国也换了主帅,任命白起为上将军。白起这个人物可不一般,他曾带领秦军转战韩国、魏国、楚国,屡战屡胜。不讲实际的赵括,此时却改坚守为速战,主动出城与白起硬拼,白起对脱离有利阵地的赵军予以分割包围。

四十多天后,赵军粮尽援绝,军心涣散。赵括率领一支精兵突围,还没冲出多远,就被秦兵乱箭射死了,这主将一死,群龙无首。赵国四十万大军随后全部投降了秦军,白起一看这么多的俘虏,怕看押不住,就把赵国的四十万将士全部都活埋了。

长平之战,由于赵括只会"纸上谈兵",而不从实际出发,最终导致了赵军惨败。

这里要提一下1933年9月在红军中实际掌握了军事领导权的李德。这位只知道纸上谈兵的洋教官,不从中国革命战争的实际出发,坚持所谓的御敌于苏区之外的战略方针,指挥弱小的红军与强大的敌军硬打、硬拼,不仅致使红军第五次反围剿失败,被迫进行了二万五千里长征,而且在长征路上几乎葬送了红军,仅湘江一战,八万红军就损失了五万。

毛泽东不止一次地说过:"教条主义害死人哪!"一切从实际出发,有什么条件打什么仗,这是我军用血的教训换来的经验。

一七、火牛阵,田单

这两个典故是一个意思,比喻能兵善战,谋略奇特。它出自《史记·田单列传》,原文是这样的:

燕攻齐,破齐七十二城。田单固守即墨。"收城中得千余牛,为绛缯衣;画以五彩龙文,束兵刃于其角,而灌脂束苇于尾,烧其端。凿城数十穴,夜纵牛,壮十五千人随其后。牛尾热,怒而奔燕军,燕军夜大惊。"遂溃败。

这段文字的大意是:田单用火烧牛尾而后纵牛冲杀燕军,致使燕军大败。

故事说的是公元前284年,燕昭王让大将乐毅统率燕、赵、魏等五国联军攻打齐国。五国联军很快就打下了齐国的几座城池。可是,另外四国的部队越过齐国的边境线后,就各自按兵不动了。只有乐毅率领的燕军乘

胜前进，所向披靡，接连攻下了齐国七十二座城池，一直打到了齐国的都城临淄。最后，只剩下莒邑和即墨两座孤城了。

当时即墨的守将是田单。田单虽然不是齐国的大将，但他可是文武双全。乐毅率领的燕国大军把即墨围了三年，田单就守了三年，拒不投降。

燕昭王死后，他的独生子燕惠王即位。燕惠王是个喜欢别人奉承的人，而乐毅是一个正直的人，不愿说违心话，燕惠王就对乐毅不满，加上他身边的一些大臣看到乐毅立下了赫赫战功，生怕自己被冷落，就别有用心地常在燕惠王面前诽谤乐毅；田单又使出反间计，在燕国散布乐毅的谣言，说齐军不怕乐毅，就怕骑劫。如果派大将骑劫去攻打这两座城，指日可破。燕惠王果然中计，命骑劫去接替乐毅。

田单一看燕军换将，就着手准备组织反攻。他从城中收集了一千多头牛，在每头牛的两只犄角上都绑上利刃，牛身上披了画有各种神兽的图案，牛尾上系着浸过油的草把，然后，把牛赶出城外。那些牛的尾巴被火一烧，狂奔不已。闯入燕军的军营，乱冲乱撞。田单率五千精兵跟在这些火牛的后面，冲杀出来。一时，燕军不知哪里来的这么多神牛神兽,一个个吓得乱作一团,互相践踏,死伤无数。此时,齐军越战越勇,燕国大军全都葬身在火牛阵中。

田单乘胜前进,不到半年就全部收复了被燕军攻占的七十二座城池。由于田单匡扶社稷有功,最后被齐襄王封为安平君。

说到火牛阵这个典故,使人联想到《三毛从军记》这部电影。为抗击日寇,三毛想到在牛背上捆上炸药,去炸日军的炮兵阵地。我军也曾有过用牛群扫雷的战例。随着时代的进步,牛也许不再用于战争,但关于"火牛阵"的典故却很难被人忘却。因为,这个典故在今天为人们带来的是对奇特谋略的新的构想。

一八、孔子讲解自然之道

孔子在吕梁观赏瀑布的景色,那水流从三十丈的高处直泻而下,江面水珠飞溅,直到四十里之远,鼋鼍鱼鳖都不能在这里浮游。这时忽然看见一个男子游在江中,他以为是想不开而自寻短见的,便让他的学生沿河往下游去救他。却见这人游到数百步外便从水中出来,

披散着头发,在堤岸下悠然自得地边走边唱起来。

孔子赶忙跟上去问他,说:"我以为你是鬼,细看却还是人。请问下,你游水有秘诀吗?"

那人回答说:"没有,我并没有什么秘诀。我凭着人类的本能开始了我的生活,又依靠人类的适应性而成长,顺乎自然而成功。同漩流一起潜入水底,随涌流一同浮出水面,完全顺从水性而并不是按自己的意愿想怎样就怎样。这就是我能驾驭汹涌的急流的缘故。"

孔子问:"什么叫做凭本能开始生活,靠适应性而成长,顺乎自然而成功呢?"

他人回答说:"我生在陆地而安于陆地,这就是本能;长在水上而安于水,这就是适应性;不知道我为什么会这样,而结果就是这样,这就是顺乎自然。"

一九、欲速则不达

子夏,姓卜名商,春秋时期卫国人,是孔子很得意的一个学生。莒父,是鲁国的一个县,如今已经不能确切地知道它的所处的位置,据《山东通志》说,大概在今山东省高密县东南。子夏当上了莒父县的县令,他向老师孔子请教，怎样处理好县政、事务。孔子回答说："不要图快，不要只顾小利。图快，反而不能达到目的；只顾小利，就办不成大事。"

春秋末期，有一次齐国的国君齐景公正在海边游玩，忽然接到侍者的报告："相国晏婴病了，非常危险！"晏婴是长期帮助景公治理国家的功臣，有很高听威望。景公得到这个消息，十分着急，马上下令火速返回都城。他挑选最好的驭手驾车，挑选最好的马拉车。在车上，他不住的催促："快点跑！快点跑！"虽然马车跑得飞快，可是景公仍然觉得太慢。于是他把驭手推到一边，自己拿起鞭子赶车。这样跑了一阵，他还是觉得不够快。他心急如焚，干脆跳下车子奔跑起来。跑了一会儿，便累得汗流浃背，上气不接下气。景公哪里有四条腿的马跑得快哪，他一心想快，但这样做的结果反而更慢了，根本达不到他的预期目的。

二〇、物腐虫生

范增是秦朝末年反抗暴秦的许多英雄中之一，他是项梁的谋士，项梁战死后，他侄子项羽继承了抗秦的事

业。项羽是一个有勇无谋的人，凭着勇武和范增的策划，取得了诸侯的领导权。那时候，范增以为能和项羽相争的只有刘邦，所以主张先将刘邦消灭，在有名的鸿门宴中，范增虽已安排好了杀刘邦之计，可是因为项羽没有决心，最终被刘邦逃脱。从那以后，刘邦便从各方面造谣中伤范增，来离间项羽和范增的感情，项羽是个有勇无谋的人，果然中了刘邦的奸计，慢慢疏远范增，范增愤而离开项羽，不久便病死。项羽最后也被刘邦从那以后。

苏轼在《范增论》中谈到这事情时，有"物必先腐也，而后虫生；人必先也，而后谗人。"意思是说：一件物体（指有机物）一定是先腐烂了，接着才生出虫来；一个人对另外一个人先有了疑心，才会听信关于他的谣言和毁谤。

二一、失去的与得到的

公元25年，刘秀当了皇帝（东汉光武帝）之后，马上开始围剿农民起义军。公元26年，刘秀认为大将邓禹对赤眉农民起义军打击不力，就派大将冯异去代替

第一章 捭阖

他。冯异与赤眉军在华阴相遇,双方对峙了六十多天,激战数十回合,冯异俘获了赤眉军将领刘始、王宣等五千多人。公元 27 年春天,刘秀派使者拜冯异为征西大将军。正好,大将邓禹率车骑将军邓弘等引军带着兵马归来,与冯异相遇,邓禹、邓弘要同冯异一起攻打赤眉军。冯异说:"皇上命令诸将驻扎在渑池,截断赤眉军东去的要道,而命令我西进攻打赤眉军。这是万全之策,必须按说的去办,我们不能乱来。"邓禹、邓弘不听冯异的劝告,与赤眉军交战。最终上了赤眉军的当,东汉军死伤三千余人,邓禹逃回宜阳。

兵败后,冯异弃马徒步走上回溪阪,带着数名部下回到营地。他命令部队继续加强防御工事,收拢溃散的兵勇,招集各个营地的士兵数万人,与赤眉军终定时间再战。他挑选精壮的士兵,让他们穿上赤眉军的服装,埋伏在路旁。天明时赤眉军万名士兵攻打冯异的先头部队,而冯异只派小股部队去救援。赤眉军以为冯异军力单薄,就命令全体士兵一齐攻打冯异军,冯异立刻带领士兵大战。下午两点左右,赤眉军士气衰落下来,冯异埋伏下的士兵突然杀出,他们穿的衣服同赤眉军一模一样,达到了以假乱真的程度,赤眉军无法识别谁是冯异

鬼谷子

军,谁是自己人,于是惊慌失措,溃不成军。冯异军奋勇追击,在崤底大破赤眉军,俘获赤眉军八万人。其余十万人向东溃逃,到达宜阳时,早有刘秀亲率大军截住去路,赤眉军刘盆子、樊崇以下十余万人都投降了。朝廷发下一封用印章封记的文书,慰劳冯异,文书说:"在消灭和平定赤眉军的战争中,你和士兵、将吏都辛苦了!战斗开始时,你们虽然像斗败了的鸟儿那样,垂着翅膀跑到回溪阪,可是最后终于在渑池奋翅高飞,赢得了战争的胜利。这就好像:当太阳从东方升起时,虽错过了阳光;可是当日落西山时,却在桑榆间得到了落日的余辉。"

二二、种瓜得瓜,种豆得豆

宋高宗(赵构)绍兴年间(公元1131~1162年),柳宣教,胸藏千古史,腹蕴五车书,考中了进士,当上临安(今浙江杭州市)府尹。上任时,厅下一应人等全都来参拜,独有城南水月寺竹林峰住持玉通禅师不到。柳宣教大怒道:"这个秃驴太无礼了!"要抓来治罪。各寺住持劝解道:"此僧乃古佛出世,在竹林峰修行已五

第一章 捭阖

十二年。望相公宽恕他。"柳宣教只好作罢,可心中仍气忿难平,于是定下一计:就让一个叫红莲的艳色女子去同玉通禅师私通,并取得证物,想借此加害于玉通禅师。玉通禅师上了红莲的当,却识破了柳宣教的阴谋,索性坐在禅椅上圆寂了。他死后,投胎于柳宣教家,柳宣教的妻子高民生下一女,叫柳翠,就是玉通禅师的化身,柳翠不守妇道,干尽风流韵事。佛家认为,这是玉通禅师对柳宣教的报复。玉通禅师有一个好友,即月明和尚。月明和尚认为玉通禅师堕落风尘已久,于是想找个机会度他出世。也就是说,要使玉通禅师的化身——柳翠皈依佛门。所以,月明和尚委派法空长老点化柳翠。

有一天,柳翠在西湖游耍完毕,刚回家门,看见一个和尚在门外化缘,说话不俗,心中似有所悟,于是他便叫丫鬟把和尚唤入中堂,问道:"师父,你有何本事,来此化缘?"法空长老说:"贫僧没有什么本事,只会说些因果之事。"柳翠问道:"什么是因果?"法空长老说:"前为因,后为果;作者为因,受者为果。如同种瓜得瓜,种豆得豆一样,种是因,得是果。没有播种,哪里会有收成?好因得好果,恶因得恶果。"一番话,

鬼谷子

说得柳翠一下子明白了,她死后,人们都说是活佛显化,很多人都赶来送葬。

二三、赵高陷害李斯

赵高听说李斯有不满言论,就去见李斯说:"关东地区盗贼纷纷起来闹事,现在皇上却加紧征发劳役去修建阿房宫,搜集狗马之类无用的玩物。我想谏止,但因为地位卑贱而不敢说。这实际是您的责任,您为什么不劝谏呢?"李斯说:"是呀,我早就想说话了。但是现在皇上不临朝听事,又是住在深宫之中,我有话要说,不便传达进去,想要进没有机会呀。"赵高说:"您真想进谏,请让我趁皇上有空的时候通知您。"于是赵高等到二世正在欢宴取乐,宫中美女环绕侍候的时候,派人告诉丞相:。皇上正有空,可以进来奏事。"丞相便到宫门求见,如此一连三次。二世发怒说:"我常有空闲的日子,丞相不来。每逢我私宴寻欢,丞相就来奏事。丞相是看不起我,还是有意使我难堪呢?"赵高就趁机说:"这可太危险了!沙丘的密谋,丞相参与了。现在陛下已立为皇帝,而丞相的地位却没有提高。他的意思是想

第一章 捭阖

也割地称王了。陛下不问我，我还不敢说。丞相的长子李由当三川郡守，楚盗陈胜都是丞相邻县的人，因此他们敢于公开横行，经过三川的时候，李由只据城防守不肯出击。我听说他们互有文书来往，因为还未证实，所以不敢告诉陛下。况且丞相在外面，权力比陛下还大。"二世认为他的话是对的。想要惩办丞相，又怕事情不确切，于是派人去调查三川郡守与盗贼勾结的情况。李斯知道了这件事。

这时二世住在甘泉宫，正在看摔跤和杂戏的表演。李斯无法见到二世，便上了一封奏书揭发赵高的短处，说道："我听说，巨子和君主平起平坐，没有不危害国家的；小妾和丈夫平起平坐，没有不危害家庭的。现在有的大臣专擅着皇上的赏罚大权，他的权力跟陛下一样，这是很不妥当的。从前司城子罕做宋国的丞相，亲自执行刑罚，用威势行事，一年之后就劫持了国君。田常当齐简公的巨子，爵位在全国是最高的，私家的富足与公家相等。他施恩行惠，下得百姓的拥戴，上得群臣的信仰，暗中窃取了齐国的政权，在厅堂里杀死了宰予，又在朝廷上杀害了简公，就这样篡取了齐国。这是天下周知的事情。如今赵高有奸邪的心肠，有狡诈叛逆

 鬼谷子

的行为,恰如子罕当宋国的丞相一样;而他私家的富有,也正象田氏在齐国一样。他兼有田常、子罕的叛逆行为而窃取陛下的威信,他的野心就象韩玘当韩安的宰相一样。陛下不筹算提防。我怕他是会作乱的。"二世说。"这是什么话?赵高本来是个宦官,但他不因为处境安逸而放肆为所欲为,也不因为处境危难而改变忠心,他廉洁向善,所以得到今天的地位。他因为忠心而得到提拔,讲信义而保持禄位,我确实认为他贤良,您却要怀疑他,这是为什么?而且我如此年轻即死了父亲,没有管理国家的知识。也不知道怎样治理百姓,而您的年纪又大了,我恐怕要和天下人隔绝了。我不依靠赵高,该用谁呢?而且赵高为人精明廉洁,强而有力,对下能了解民间实情,对上能适合我的心意,您请不要怀疑了,"李斯说。"不对。赵高本来是个卑贱的人,不懂得道理,贪心不能满足。求利不止,地位权势仅次于主上,欲望永远不会满足,所以我说危险。"二世早已相信赵高,恐怕李斯杀掉他,就暗中把这些话告诉了赵高。赵高说;"丞相所担心的只有我,我一死,丞相就可以干日常所干的事了。"于是二世说:"就把李斯交给郎中令您查办!"

第一章 捭阖

赵高查办李斯。李斯被拘捕，套上了刑具，关在监狱里，仰面对天叹道："唉，可悲呀！无道的昏君，怎么能为他谋划呢！从前夏桀杀死关龙逢，商纣杀死王子比干，吴王夫差杀死伍子胥。这三个臣子难道不忠么？然而免不了一死，他们虽然为尽忠而死，只可惜忠非其人哪。我的智慧比不上他们三人，而二世的昏暴却超过夏桀、商纣、夫差，我因为尽忠而死，是应当的。况且二世的治国还不是胡搞吗？以前杀死兄弟而自己为皇帝，进而杀害忠臣，尊宠贱人，修盖阿房宫，向天下横征暴敛。我不是不劝谏，只是他不听我的话呀！凡是古来圣明的帝王，饮食有一定节制，车辆器用有一定的数量，宫室有一定的限度，颁布命令和举办事情，只要是增加费用而不利于民的，一律禁止，所以能够长治久安。现在二世在兄弟之间使用残暴的手段，不考虑后果；枉杀忠臣，不顾忌后患；大修宫殿，向天下榨取重税，不爱惜钱财。这三件事实行以来，天下人不服，如今反叛的人已占据了天下的一半，而他心里还没醒悟，用赵高为辅佐，我一定会看到盗贼打进咸阳，朝廷变成废墟，麋鹿嬉游于废墟之上了。"

当时二世就派赵高去审理丞相的案件，定罪名，诘问李斯和儿子李由谋反的情况，把他们的家族和宾客都逮捕起来。赵高审问李斯，笞打他一千多板子，李斯受不了痛苦，只好冤屈地承认自己有罪。李斯之所以不自杀，是自以为能言善辩一对国家有功劳，实无反叛之心，希望二世觉悟过来而赦免他。他就从监狱中上奏书说。"我当丞相治理百姓，已经三十多年了。我曾赶上当初秦国土地狭小的时代，先王的时候，秦国土地不这千里，士兵几十万。我竭尽微薄的才能，谨慎地奉行法令，暗中派遣谋臣、给他们金玉珍宝。让他们游说诸侯。又暗中整顿武装，整顿政治、教化、任甩勇敢善斗的战士，尊重功臣，提高他们的爵位俸禄，所以终于凭着这些措施胁迫韩国，削弱魏国，击破燕国、赵国，削平齐国、楚国，最终吞并六国，俘虏他们的君主，拥立秦玉作了天子。这是我的第一条罪状。并吞六国以后，土地不再是狭小的了。还要在北方驱逐胡人。貉人，在南方平定百越，以显示秦朝的强大。这是我的第二条罪状。尊重大臣。提高他们的爵位，以巩固他们同皇室的亲密关系。这是我的第三条罪状。建立社稷，修建宗庙，以显示主上的贤明_这是我的第四条罪状。改革书写符号，统一度量衡和文字，颁布天下，以树立秦朝的

第一章 捭阖

威名。这是我的第五条罪状。修筑驰道,建议巡游全国,以显示主上的得意。这是我的第六条罪状。减轻刑罚,减少赋税,以满足主上赢得民心的愿望,使百姓都拥戴主上,至死不忘主上的恩德。这是我的第七条罪状。像我这样作臣子的,所犯的罪足以处死本来很久了。幸而皇上希望我尽其所能。才能活到今天。希望陛下明察!"奏书呈上去,赵高让狱吏丢弃它不上报二世。说道:"囚犯怎么能上书!"

赵高命他的门客十多人伪装成御吏、谒者。侍中)轮番拷问李斯。李斯更改口供,以自己的实情回答,(门客)就让人再持打他。后来二世派人去调查验证李斯的口供,李斯以为跟以前一样、终究不敢再改口供;在供词上承认了罪状。判决书呈报上去;二世高兴地说."要是没有赵君,我几乎被丞相出卖了。"当二世派去调查三川郡守的人到达三川时,项梁已经攻破三川并杀死了李由。使者回来,正当李斯已被交给狱吏看管无法对证。赵高就胡乱编造了李由谋反的罪状。

二世二年(公元前208年)七月,李斯被判五刑,在咸阳市腰斩。李斯被押出狱的时候,与他的次子一同

被押解着。他回头对他的次子说:"我想跟你再牵了黄狗一同出上蔡东门去打猎追逐狡兔,还办得到吗!"于是父子相对而哭,三族的人都被处死。

二四、衔肉著口

这则典故表明缺乏思考分析能力,就会上当受骗。

此典出自《笑林》。

某甲卖肉,走过城市厕所时进去小解,把肉挂在门外。

某乙把肉偷了去,还没来得及离开,某甲就走出来找肉,某乙便奸诈地用嘴咬着肉说:"挂置在门外,哪能不丢失?像我这样用嘴咬着肉,还会有丢失的道理吗?"

二五、胁肩谄笑

"胁肩谄笑"意思是耸起双肩,表示恭敬的样子并且谄媚地装出笑容。人们常用来形容逢迎巴结人时的丑态。

此典出自《孟子·滕文公下》:"胁肩谄笑,病于夏畦。"

战国时，孟子的学生公孙丑问孟子："文人学士是不是就不应该和执政者接触了？"

孟子回答说：这要看具体情况。古代有这样的规矩：不是臣属关系，就不见君王。从前，魏文侯去访问名士段干木，段干木跳墙逃走了；鲁穆公去访问贤人泄柳，泄柳关着门不出来相见。春秋时鲁国执政者季孙氏的总管阳虎想见孔子，但自己又不肯放下架子，便想出了一个方法——趁孔子不在家的时候派人给孔子送去了一条火腿，想借孔子亲自去答谢馈赠者时见他。孔子知道这是阳虎的花招，也有意趁阳虎不在家才去答谢。如果阳虎不摆架子，不要花招，孔子自然会见他的。当然，向权贵者献媚和曲意逢迎是可耻的。正如曾参说的：对人低头哈腰、讨好巴结，装成恭敬的姿态，比在盛夏时在田间暴晒还难受。

二六、渔阳参挝

"渔阳参挝"本是鼓曲名，人们用它来形容人狂傲不逊；也可用来形容击鼓作乐。

鬼谷子

此典出自《后汉书·祢衡传》："次至衡,衡方为渔阳参挝,蹀躞而前,容态有异,声节悲壮,听者莫不慷慨。"

东汉的很有名气的辩才祢衡,恃才傲物,狂放不羁,他与文学家孔融结成忘年之交。孔融爱惜祢衡的才能,多次向曹操夸耀他。曹操想见祢衡,而祢衡却一直轻视和讨厌大权在握的曹操,谎称自己患上了疯病,不肯去,并且对曹操说了些不敬之辞。曹操虽然心怀忿恨,但因为祢衡有才气和名声,不想杀他。曹操听说祢衡善于击鼓,就下令让他做击鼓的小吏,于是大会宾客,检阅一下击鼓奏乐的盛况。鼓吏们到来之后,曹操叫他们脱下上身穿的衣服,换上鼓吏专门戴的帽子(岑牟)和苍黄色的单衣(单绞)。轮到祢衡时,他击奏的鼓曲叫《渔阳参挝》,踏着舞步,向前行进,仪态不俗,鼓声悲壮,听的人无不为之感动。祢衡行进到曹操面前时停了下来,官吏斥责他说:"你身为鼓吏,为什么不换衣服,如此随便地行进呢?"祢衡道:"好。"于是他先解开近身衣,然后才脱下其他衣服,赤身裸体地站立着,慢腾腾地拿起帽子、单衣,慢慢地穿戴起来。穿好衣服后,又击鼓而去,脸上没有一点儿羞愧的神情。曹操笑着说:"我本来要羞辱祢衡,反而被祢衡羞辱了。"

二七、曳尾涂中

"曳尾涂中"的意思是,拖着尾巴在泥中爬行。人们用它形容自由自在的隐居生活。

此典出自《庄子·秋水》:"吾闻楚有神龟,死已三千岁矣,王巾笥而藏之庙堂之上。此龟者,宁其死为留骨而贵乎?宁其生而曳尾于涂中乎?"

战国时代的庄子在濮水钓鱼。楚威王听说庄子贤达,想让他做卿辅,管理国家的政务。于是楚威王派两个大夫做使者,带着玉帛,到濮水边上去请庄子,说:"大王要把国家政事交给先生操劳了。"

庄子学识丰富,品德高尚,主张清静寡欲,无为而治,根本没有做官的意图。因此,他手持钓鱼竿,连头也不回,说:"我听说楚国有一只神龟,已经死了三千年了,楚王把它盛在盒里,覆之以巾,藏在庙堂之上,用它占卜国事,把它看作珍贵之物。请问二位大夫,对于这只神龟来说,是死后留下骨壳受到珍藏好呢?还是

鬼谷子

活着在泥中拖着尾巴爬行好呢?"

二位大夫回答道:"当然是活着在泥中拖着尾巴爬行好。"

庄子说:"二位请回吧!我愿活着拖着尾巴在泥中爬行。"

二八、欲为孤豚

"欲为孤豚"指不愿当官,甘于隐居。

此典出自《史记·老子韩非列传》:"当是之时,虽欲为孤豚,岂可得乎?子亟去,无污我。我宁游戏污渎之中自快,无为有国者所羁,终身不任,以快吾志焉。"

战国时期,楚武王听说庄子才能优异,德行高尚,就让使者带着厚礼重金去聘请庄子,并允诺让庄子任楚相。庄子笑着对楚武王的使者说:"千金大礼,也可称重利了;卿相之职,堪称尊位了。可是,你没有见过郊外祭祀时使用的牺牛吧?用作牺牲品的牛,要用精良的饲料喂养数年,给它披上华丽的外衣,把它恭恭敬敬地牵到太庙之中。当它快要被宰杀的时候,它即使想做一

第一章 掉闾

个离群索居的小猪,能够做到吗?你赶快走,不要污辱我。我宁愿当一个小猪在脏污的渠沟之中嬉戏自乐,也不愿做一个操着国家生杀大权的人而受到羁绊,我要终身不做官,自己随心所欲、自由自在地生活着,这岂不快乐!"

 鬼谷子

捭阖第二

夫贤、不肖、智、愚、勇、怯、有差,乃可捭,乃可阖,乃可进,乃可退,乃可贱,乃可贵,无为以牧①之。

审定有无,以其实虚②,随其嗜欲,以见其志意③。微排其言,而捭反之,以求其实④,实得其指;阖而捭之,以求其利⑤。或开而示之,或阖而闭之。开而示之者,同其情也;阖而闭之者,异其诚也。

可与不可,审明其计谋,以原其同异⑥。离合有守⑦,先从其志。

【注释】

①牧:处理。

②审定有无,与其实虚:审其才术之有无,察其性

第一章 捭阖

行之虚实。

③随其嗜欲，以见其志意：随，顺。嗜欲，爱好。意谓言谈中要顺其欲求，投其所好，顺着对方的思路，窥见对方的内心世界。

④微排其所言，而捭反之，以求其实：微，微妙。排其所言，排抑对方的言论。捭反之，发言诘难对方。实，真实的思想感情。

⑤实得其指，图而种之，以求其利：贵，引申为郑重地。得其指，诱使对方讲明意图；指，通旨。时而抑之，自己放作沉默，诱使对方讲话，寻机说服对方。求其利，探知对方利害所在。以上的"捭"与"阖"指言与默、开与闭。

⑥以原其同异：探讨事物相同与不同的特点、性质。

⑦有守：确立自己的观点而信守之。

【译文】

人有贤良和不肖、聪明和愚笨、勇敢和怯弱、仁义和不仁义之分，在气质上是有差别的。根据这些，就可以开启，可以闭合，可以进用，如要辞退，可以使之卑贱，可以使之尊贵，一切都靠无为来进行

鬼谷子

对待。

审定一个人有无才能,品行是否忠实,根据其嗜好和欲望,便能观察他的志向和思想。在交谈中,可略微反驳对方所说的话,开启后再揣测他的言谈,以便探察出他的真实意图。

这样说,重在能够得到他所说的要义,闭藏之后再加以开启,从而获得自己所求的利益。或敞开自己的内心世界向他表示,或关闭自己的内心世界而加以封锁。开启而表示的是以尽其情,同情对方,闭藏而加以封锁的是以知其诚。

看对方的计谋可行不可行时,要判断清楚他的计谋,探讨其中的同异,有的计谋和自己的主张一致,有的和自己主张不一致,要确定自己的主导思想而加以信守,也要顺从对方意愿志向加以考察。

【感悟】

判断一个人有无才能,品德好坏,可以从他的言行中看出来,当然也要看他说的话是否诚实。这要通过一段时间的考察才能清楚,切不可一言定终生,否则就会扼杀人才。

第一章 捭阖

【故事】

一、姜太公辅佐周武王

姜子牙的祖先帮助大禹治水有功,被封在吕这个地方,所以他又叫吕尚或吕望。

姜子牙是个有雄才大略的人,他胸怀济世之志,想施展自己的抱负,可是一直怀才不遇,大半生在穷困潦倒中度过。他曾经在朝歌宰过牛,又在孟津卖过面,岁月蹉跎,转眼已到了垂生暮年,两鬓白发苍苍,他听说当朝贤主周文王的圣名后,便来到渭水河畔,假借垂钓之名来观望时局,希望能得到周文王的常识,使自己的才华得以施展。

时间一年一年过去了,他的头发由花白变成了全白。他在渭水河边钓鱼也很久了,在他投竿抛饵、两膝跪踞的石头上,已磨出了两个浅浅的小坑。人们见他一直垂钓,却毫无收获,都劝他放弃,他却说:"你们不懂其中的奥妙!"依旧垂钓。

一天,他正在河边垂钓,从身后的大路上来了一辆马车,车后面跟着的人都垂丧着脸,其中有的人还哭哭涕涕，就连赶车的人也哭丧着脸。于是他问明原因后方知车中躺着的人是这家的大公子，出门拜师求学，突然间昏迷不醒，找了几个郎中都说是不治之症，让赶紧回家准备后事，不然就要死在外面。姜子牙用手撩起车帘看了一会儿说："诸位不必悲伤，尽管放心，此人三日内必好。"没有人能够相信一个穷困潦倒闲急无聊的钓鱼的穷老头说的话是真的。

几天后，姜子牙正在钓鱼，从城中出来一伙人马直奔他而来，到了他钓鱼的地方，从车里走出一个英俊青年对着姜子牙叩头就拜，嘴里不停说着救命恩人，一定要拜姜子牙为师。原来这个青年就是前几天躺在车里的那人，家父是当朝重臣，辅佐周文王治理国家。此时他要把姜子牙请回家中给他当老师，因为他现在恰好正在寻访高师。并许以重金，还想认姜子牙为义父。都被姜子牙婉言谢绝。

又有一天姜子牙正在钓鱼，从大路上过来两个人，每人牵着一匹高头大马，武将打扮，正值中午，马要饮水，人要洗脸。姜子牙看了一眼其中一个的面相，长长的叹了一口气说："老朽看你印堂发黑，有赤脉贯瞳，如果现在回去马上救治还来得及，不然的话，七日内必

第一章 捭阖

死。"哪想到这两人冲着姜子牙哈哈大笑了一阵,说姜子牙是疯老头,说完后毫不在意的扬长而去。

原来这两人是周文王属下负责守城的副将,其中一个人第五天突然暴病而亡。(用现代面相术语说,赤脉贯瞳是人的眼球突然出现大量血丝,说话时语言略有颠倒和迟钝,行走时步伐不稳,视力有双影出现。这是患脑溢血的前兆。其人暴病而亡,很可能是患脑溢血而死)

"渭水河边有个钓鱼的穷老头能断人生死,百发百中。"这件事一时在城里一个传两,俩个传仨的传了出去。姜子牙的名声大躁。从百姓传到了朝廷,同时也传到了周文王的耳朵里。"一个钓鱼算卦的穷老头,对国家能有什么用呢?"所以周文王并没有放在心上。

日子就这样一天天一年年地过着,姜子牙还是天天在渭水河边钓鱼。

一天,周文王打算出去打猎,占卜的结果说:"出猎所获不是龙也事是貘,不是虎也不是熊,而是能够辅佐你成就霸业的人才。"周文王又回想起梦中先人说过的话"圣人出现之日,就是周拯兴之时",于是满心欢喜地外出打猎。不经意间就来到了渭水之滨。

鬼谷子

幽静的林间传来了阵阵马的嘶鸣，喧哗的人声也由远而近。姜子牙看见一个王者打扮的人向这边走来。

文王见这位垂钓老者一副超然物外的神情，便上前与他交谈起来。姜子牙不失时机地告诉文王自己的身世，两人谈得非常投机。让周文王惊讶的是，一个天天以钓鱼为乐的穷老头，对天下大事以及国家的武攻文治知道得这样清楚，知识又是如此的渊博，而且观点新颖见解独到。他还发现这个钓鱼的穷老头对五行数术及用兵之法有很深的造诣。

求贤若渴的周文王从姜子牙睿智、机敏的谈吐中发现，此人正是自己所要寻访的大贤。他高兴地感叹："我的先祖太公，早就寄希望于你啦！"于是周文王用最隆重的礼节款待他，并把他让上自己坐的马车，可是这个穷老头还真不识抬举，看到周文王这么尊重他他反到摆起谱来。周文王坐的马车他不但不上，还非得让周文王亲自背着他回城。当时，天下没有第二个人能坐上周文王的车，让他坐在车里文王亲自为他赶车还不行，这已经是天下最重的礼遇了，除姜子牙外天下还没有第二个人能遇到这样的礼遇。这可难为了周文王：不背吧，国家朝廷求贤若渴，正是用人才的时候，不能失去这们

第一章 捭阖

难得的人才。背吧，面子又不好看，自古以来哪有国君背臣民的？为了国家兴旺就不要考虑个人面子了，想到这，周文王真的背起来姜子牙向城中走去。

走了一小段的路程后，把周文王累得满头大汗，气喘嘘嘘，趴在周文王背上面的姜子牙似乎一点也不知体谅别人，看到把文王累成这样，嘴里却总是说："再多走几步……"周文王实在走不动了，就把姜子牙放了下来。周文王这时累得也顾不上国君的面子了，坐在地上满脸流汗，姜子牙看着累得汗流满面的周文王，笑着对他说："你一共背我走了二百九十四步，我要保你大周江山二百九十四年，一步一年呀"说完他又哈哈大笑起来。文王听姜子牙这么一说，立刻来了精神头，也不感觉累了，一骨碌就爬起来拽过姜子牙还要背，这时姜子牙笑着说："再背就不灵了，就二百九十四年吧，我们坐车回城。"

后来，姜子牙又辅佐文王之子武王灭了商纣王，武王也尊他为军师和先生。

东周从公元前的770年直到诸候割据的春秋时代末期的公元前476年，恰好刚刚是294年，正应了当年周文王背姜子牙的294步。从此以后中国历史就进入了群

鬼谷子

雄并起的战国时代，这是后话。

姜子牙，姜姓，吕氏，名望，字子牙，也称吕尚、姜尚俗称姜子牙商朝未年人相传姜子牙的先祖本是个贵族在舜帝时作过官，而且屡立战功，被舜封在吕地（今河南南阳），所以又称吕尚。但到了姜子牙出世以后，家境已经败落了，成了普通了贫民，所以姜子年轻的时候干过宰牛卖肉的屠夫，也开过酒店卖过酒，聊补无米之炊。但姜子牙人穷志不短无论宰牛也好，还是做生意也好，始终勤奋刻苦地学习天文地理、军事谋略，研究治国安邦之道，期望能有一天为国家施展才华。

姜子牙在世的年代，正是殷商走向衰亡、地处商朝西的一个属国周逐渐上升的时期。姜子牙听说周伯姬昌施行仁政经济发达政治清明社会稳定大得人心便很想为兴周灭商一展雄才大略而此时姬昌也正在为治国兴邦而广揽人才于是姜太公便下定决心，离开了商朝，不辞劳苦，来到了周的领地渭水之滨，终日以钓鱼为生，其实是在观察世态的变化，寻找大展宏图的机会。据说，姜子牙钓鱼用的是直钓，鱼当然钓不上来，所以才有"姜太公钓鱼，愿者上钩"的说法。

姜子牙用了几十年的功夫，勤学苦读，孜孜不倦地

第一章 捭阖

研究探索，可谓上通天文，下通地理，学识渊博。尤其对历史和时势的研究更是驾轻就熟如今当了姬昌的太师可以说是厚积薄发运筹而游刃有余对内他帮助姬昌制定了一系列发展经济的政策如：实行"九一租税制"，即农人租用公田，只缴纳九分之一租税的低税制度；给大大小小的官吏"分地"，作为官吏的奉禄，而且子孙可以承袭等。这样，就调动了农人在官田上努力生产、官吏们自觉地搞好本人分地生产的极性，极大地促进了生产力的发展，为有朝一日兴兵伐纣奠定了稳固的经济基础。对外，姜子牙协助姬昌实行光养晦薄秃孤立瓦解的政策对商王他表面上表现得谦和恭顺一心事殷使商王误以为周是最可靠的属国姬昌是位忠心的伯而在暗中却采取种种手段，拉拢争取殷商王朝的其他属国使殷商越来越孤立结果许多诸侯国和部落陆陆续续地弃殷而投周，到了后来，殷商虽名为天子，而真正附属于他的属国、部落却连三分之一都不足了。这样，就又为最后消灭纣王，创造了有利的外部条件。

可惜的是，姬昌未能实现灭纣的愿望，便撒手归西了。姬昌死后，他的儿子姬发继位，这就是周武王（姬昌死后被追封为周文王姬发继位亦继志继续为兴周灭商

而努力他拜姜子牙为国师并号称为师尚父姜子牙也不改初衷,继续全力辅佐姬发以图大业。有一天,武王姬发问姜子牙:"我打算减轻刑罚而又能树立我的权威,少施行一些赏赐而又能使人们从善,少颁布一些政令法规而民众又都能自觉按一定的规范行事。请问师尚父,怎样做才能实现这一点呢?"姜子牙说:"如果你杀了一个人就能使一千个人害怕而不再犯罪,杀两个就能使一万个人害怕而不再犯罪,杀三个人就能使三军军威大振那么你就把他们杀了如果你赏了一个而使一千个人高兴赏两个人而使一万个人高兴赏三个人而能使三军上下都高兴,那么你就赏他们;如果你能通过法律条令约束了一个人而使一千人遵照执行,那么你就用这法律法令去约束他;如果你能通过禁止两个人的错误行为而使一万个人不再去做,那么你就去禁止;如果你能通过教育三个人而使三军上下都受到教育,那么你就去教育。总之,能够杀一个而惩戒上万人,赏赐一个而激励更多的人,这才是有道明君的权威,幸福之所在啊!"武王姬发听了,顿开茅塞,照着姜子牙的话去做,时时慎于刑赏,力求令行禁止,使周朝的政治更加清明,背叛殷商而依附周室外的人越来越多,出师伐纣的日子已经指日可

第一章 捭阖

待了。

这时周朝已羽翼丰满国势日隆而殷商王朝已出现了土崩瓦解之势。特别是殷商王朝统治集团内部发生了内忠臣良将被杀的被杀被囚的被囚外逃的外逃降周的降周姜子牙审时度势，认为伐纣的时机已到便亲任主帅统领大军以吊民伐罪为号召，联合诸侯各国出兵直取商都。经过牧野一战，大败商军，迫使商纣王连夜出逃，与妃子妲已投火自焚于鹿台。中国历史上的殷商王朝至此也便宣告灭亡了，姜子牙终于完成了扶周灭商的宏图大业。

二、黄金台招贤

燕国国君燕昭王（公元前311－前279年）一心想招揽人才，而更多的人认为燕昭王仅仅是叶公好龙，不是真的求贤若渴。于是，燕昭王始终寻觅不到治国安邦的英才，整天闷闷不乐的。

后来有个智者郭隗给燕昭王讲述了一个故事，大意是：有一国君愿意出千两黄金去购买千里马，然而时间过去了三年，始终没有买到，又过去了三个月，好不容

易发现了一匹千里马,当国君派手下带着大量黄金去购买千里马的时候,马已经死了。可被派出去买马的人却用五百两黄金买来一匹死了的千里马。国君生气地说:"我要的是活马,你怎么花这么多钱弄一匹死马来呢?"

国君的手下说:"你舍得花五百两黄金买死马,更何况活马呢?我们这一举动必然会引来天下人为你提供活马。"果然,没过几天,就有人送来了三匹千里马。

郭隗又说:"你要招揽人才,首先要从招纳我郭隗开始,像我郭隗这种才疏学浅的人都能被国君采用,那些比我本事更强的人,必然会闻风千里迢迢赶来。"

燕昭王采纳了郭槐的建议,拜郭槐为师,为他建造了宫殿,后来没多久就引发了"士争凑燕"的局面。投奔而来的有魏国的军事家乐毅,有齐国的阴阳家邹衍,还有赵国的游说家剧辛等等。落后的燕国一下子便人才济济了。从此以后一个内乱外祸、满目疮痍的弱国,逐渐成为一个富裕兴旺的强国。接着,燕昭王又兴兵报仇,将齐国打得只剩下两个小城。

管理之道,惟在用人。人才是事业的根本。杰出的领导者应善于识别和运用人才。只有做到唯贤是举,唯才是用,才能在激烈的社会竞争中战无不胜。

第一章 捭阖

"千军易得，一将难求"，现实生活中，也许我们不可能像燕昭王一样筑"黄金台"，但是，我们难道不可以借用报刊一角，筑起"招贤台"，招聘贤才么？

人才就是效率，人才就是财富。得人者得天下，失人者失天下。

三、宁戚唱歌自荐

一年管仲与齐桓公东征伐鲁，管仲带兵先走，行到卫国时看到田野里有一个放牛的一边敲打牛角一边唱歌，这个人就是宁戚。

管仲觉得他器宇不凡，怎么看怎么不像个放牛的。派人送酒肉过去给他吃，宁戚吃完后放声大唱"浩浩乎白水！"

管仲琢磨半天也没懂什么意思，悄悄问他的小妾婧。婧不但聪明伶俐而且知书达礼，她说"以前古书里有写白水的诗：浩浩白水，儵儵之鱼，君来召我，我将安居？这人应该是想求仕途。"

管仲恍然大悟，把宁戚叫来谈话。原来宁戚料定管仲他们将从此过，特意长途跋涉的前来投奔。管仲觉得

鬼谷子

宁戚有才，不是泛泛之辈，就写了一封推荐信让他等齐桓公。

三天后齐桓公的大军果然走到这里，宁戚还像上次一样，见到军队即不害怕也不避让，照样拍着牛角唱歌："南山灿，白石烂，中有鲤鱼长尺半。生不逢尧与舜禅，短褐单衣才至骭。从昏饭牛至夜半，长夜漫漫何时旦？"

齐桓公听到歌声后有点不爽，命令随从把宁戚推到车前。说"当今周天子在上，寡人奉天命以征不服的诸侯，百姓都安居乐业，尧舜在的时候也不过如此吧。你怎么敢说不逢尧舜？还长夜漫漫何时旦，难道我是昏君不成？"

宁戚不畏不惧，轻轻一笑说"百姓是否安居乐业我不知道，我只知道尧舜互相禅让，绝对没有为了争夺王位而杀哥哥的事情发生。"

齐桓公当初基本算是弑兄夺位，听此言勃然大怒"来人，把他推下去斩了！"

宁戚丝毫没有畏惧的样子。

大司行隰朋悄悄对齐桓公说"这个人看样子不像个普通的放牛人，您应该放过他。"

80

齐桓公念头一转，怒气全消，笑着说"唉，我只是想试试你，你真是有本领的人啊。"

于是宁戚从怀里取出管仲的书信递给齐桓公。管仲在信里面说宁戚非常有才能，应该重用。

齐桓公说"你既然有仲父的书信为什么不早拿出来啊？"

宁戚说"君王会找好的大臣辅佐自己，大臣也要找好的君王去服侍啊，这是一样的道理。你如果是那种喜欢阿谀奉承，动不动就对臣下动怒的人，那我是宁死也不会拿出相国的书信来辅佐你的。"

齐桓公听后大喜，当晚便封宁戚为大夫。后来到了鲁国后宁戚游说鲁王服软成功，避免了两国的一场恶仗。

四、二桃杀三士

齐景公确有恢复齐桓公时期的霸业的雄心，但时间一长，这位好高骛远、华而不实的国君就熬不住了，早把纪国那金壶里的格言忘到九霄云外去了。他还是想通过豢养一批勇士的办法来建立自己的武功。

当时,齐景公豢养了三个勇士:一个叫田开疆,一个叫公孙捷,一个叫古冶子,号称"齐国三杰"。这三个人个个勇猛异常,力能搏虎,深受齐景公的宠爱;他们恃宠自傲,为所欲为。当时齐国的田氏,势力越来越大,曾联合国内几家大贵族,打败了掌握实权的栾氏和高氏。田氏家族势力的提高,直接威胁着国君的统治。而田开疆正属于田氏一族,晏子很担心"三杰"为田氏效力,危害国家,屡谏景公除掉"三杰",然而景公执迷不悟,没有理睬。晏婴为此忧心如焚。

一天;鲁昭公访问齐国,齐景公设宴款待。鲁国由叔孙蜡执礼仪,齐国由晏子执礼仪,君臣四人坐在堂上,"三杰"佩剑立于堂下,态度十分傲慢。晏子心生一计,决定乘机除掉这三个灾星。

当两位君主酒至半酣时,晏子说:"园中金桃已经熟了,摘几个请二位国君尝尝鲜吧?"齐景公大悦,传令派人去摘。晏婴忙说:"金桃很难得,还是臣亲自去吧。"一会儿的功夫,晏婴领着园吏,端着玉盘献上6个桃子。众人一见,只见盘子里放着的6个桃子,个个硕大新鲜,桃红似火,香气扑鼻,令人垂涎。景公问:"就结这几个吗?"晏婴说:"还有叽个没太熟,只摘了

第一章　捭阖

这6个。"说完恭恭敬敬地献给鲁昭公。齐景公一人一个金桃。鲁昭公边吃边夸奖桃味甘美。景公说:"这桃子实在难得,叔孙大夫闻名,当吃一个。"叔孙诺谦让道:"我哪里赶得上晏相国呢?相国内修国政,外服诸侯,功劳最大,这个桃应该他吃。"景公见二人争执不下,便说道:"既然二位谦让,那就每人饮酒一杯,食桃一个吧!"两位大臣谢过景公,把桃吃了。

这时,盘中还剩有两个桃子。晏婴说;"请君王传令群臣,谁的功劳大,谁就吃桃,如何?"景公同意,于是传令下去。话音刚落,公孙捷率先走了过来,拍着胸膛说:"有一次我陪大王打猎,突然从林中蹿出一头猛虎,是我冲上去,用尽平生之力将虎打死,救了国君。如此大功,还不应该吃个金桃吗?"晏婴说:"冒死救主,功比泰山,可赐酒一杯,桃一个。"公孙捷饮酒食桃,站在一旁,十分得意。

古冶子见状,厉声喝道:"打死一只老虎有什么稀奇!当年我送国君过黄河时,一只大鼋兴风作浪,咬住了国君的马腿,一下子把马拖到急流中去了。是我跳进汹涌的河中,舍命杀死了大鼋,保住了国君的性命。像这样的功劳,该不该吃个桃子?"景公说:"当时黄河波

涛汹涌，要不是将军斩鼋除怪，我的命早就没了。这是盖世奇功，理应吃桃。"晏婴忙把剩下的一个桃子送给了古冶子。

一旁的田开疆眼看桃子分完了，急得大喊大叫："当年我奉命讨伐徐国，舍生人死，斩其名将，俘虏徐兵5000余人，吓得徐国国君俯首称臣，就连邻近的郯国和莒国也望风归附。如此大功，难道就不能吃个桃子吗？"晏婴忙说；"田将军的功劳当然高出公孙捷和古冶子二位，然而桃子已经没有了，只好等树上的金桃熟了，再请您尝了。先喝酒吧。"，田开疆手按剑把，气呼呼地说："打虎、杀鼋有什么了不起。我南征北战，出生人死，反而吃不到桃子，在两位国君面前受到这样的羞辱，我还有什么面目站在朝廷之上呢？"说罢，竟挥剑自刎了。公孙捷大惊，也拔出剑来，说道："我因小功而吃桃，田将军功大倒吃不到。我还有什么脸面活在世上？"说罢也拔剑自刎了；古冶子更沉不住气了，大喊道："我们三人结为兄弟，誓同生死，亲如骨肉，如今他俩已死，我还苟活，于心何安？"说完，也拔剑自刎了。

鲁昭公目睹此景，无限惋惜。斗天才站起身来，说

第一章 捭阖

道:"我听说这三位将军都有万夫不当之勇,可惜为了一个桃子都死了。"齐景公长叹了一声,沉默不语;这时,晏婴不慌不忙地说:"他们都是有勇无谋的匹夫。智勇双全、足当将相之任的,我国就有数十人,这等武夫莽汉,那就更多了。少几个这样的人也没什么了不起,各位不必介意,请继续饮酒吧!"

其实,晏婴早已为景公物色了一位文武双全的大将,这就是春秋时威震诸侯的名将田穰苴(即司马穰苴),他后来为齐国的江山大业立下了汗马功劳。

有一次,晏婴奉命出使楚国。楚灵王听说晏婴要来,便对大臣们说:"晏子是齐国能言善辩的大臣,名气很大,但却是个矮子,我要当面羞辱他一番,让他领教一下我们楚国的厉害。"于是,楚灵王命人连夜在城门旁开了一个5尺来高的小门,吩咐守城士兵待齐国使臣到来时把大门关上,让他由小门进城。

第二天清晨,晏婴一行来到城门下,见城门紧闭;便把车停了下来,派人去叫门。一个守城士兵说:"听说齐使身材矮小,可从城边的小门入城,故而未开大门。"晏婴淡淡一笑,用手指着那个小门大声说道:"出使狗国的人才从狗门进去。如今我出使楚国,不应该从

这个门进去吧？楚使礼宾官见势不妙，只好改道，让晏婴从大门入城。

晏婴入宫拜见楚灵王。楚灵王瞥了晏婴一眼，傲慢地说："怎么，齐国难道没有人了么，怎么派你做使者？"晏婴，答道："齐国的临淄居民众多，人们张开袖子便成了阴天，大家抹把汗一挥，就像下雨一般，街上人们肩挨肩脚碰脚走路，怎么能说没有人呢？"楚灵王听罢，又问道："既然如此，齐景王为什么要派你这样的人呢？"晏婴回答说："齐命使，各有所主。贤者使贤王，不肖者使不肖王。晏婴不肖，故而出使楚国。"楚灵王听罢，非常尴尬，本欲发作，又自知礼亏，只好以礼善待晏婴。

第二年冬天，晏婴再次出使楚国。楚灵王听说晏婴这个矮子又要来，又想起了上一年被晏婴数落得难堪的情景，于是决定这一次无论如何要设法羞辱他一番，以解郁气。

晏婴入楚，楚灵王命人摆上酒宴，亲自招待晏子。酒至半酣，忽见两名兵士押着一个被捆绑着的男子从殿下经过。楚灵王装作生气的样子斥责道："你们这是干什么？难道没有看见我这里有贵宾吗？"然后又装作漫

第一章 捭阖

不经心地说:"他是哪儿的人,犯了什么罪?"两名兵士慌忙答道:"他是齐国人,犯了偷盗罪。""他是齐国人?"楚灵王故意把"齐国"二字说得很响,然后用眼睛斜睨着晏婴,装出一脸困惑的神态,问道:"你们齐国人都善于偷盗吗?"

晏婴早已识破楚灵王的这个把戏,知道这是楚灵王要借机侮辱齐国。于是,他离席向楚灵王深施一礼,答道:"大王,我听说桔子树生长在淮南,它就结出桔子;如果移栽到淮北,它就结出枳子。它们的叶子虽然相似,果实的味道却不同。这是什么原因呢?我想,这主要是淮南淮北两地的水土不同啊!如今,齐国百姓在齐国不偷不盗,而一来到楚国都做起盗贼来,该不是楚国的水土使人变得善于偷盗吧?"

楚灵王顿时瞠目结舌,无言以对。默然良久后,讪讪地说:"和圣人是不能开玩笑的,寡人这是在自讨没趣啊…"又一年,晏婴奉命出使吴国。一天清晨,晏婴来到宫中等候谒见吴王。不一会儿,侍从传下令来:"天子召见。"晏婴一怔,吴王什么时候变成天子了?当时周天子虽已名存实亡,但诸侯各国仍称周王为天子,这是他独享的称号。晏婴马上反应了过来,这是吴王在

鬼谷子

向他炫耀国威呀。于是，他见机行事，装作没听见。侍卫又高声重复，晏婴仍不予理睬。侍卫没有办法，径直走到他跟前，一字一顿地说："天子请见。"晏婴故意装作惊诧的样子，问道："臣受齐国国君之命，出使吴国。谁知晏婴愚笨昏聩，竟然搞错了方向，走到天子的朝廷上来了。实在抱歉。请问何处可以找到吴王？"吴王听门人禀报后，无可奈何，只得传令："吴王请见。"晏婴听罢，立刻昂首挺胸走上前拜见吴王，并向他行了谒见诸侯时当行的礼仪。

　　吴王本来想利用这个办法难为一下这位能言善辩的齐使，结果自讨没趣，好不尴尬。但他仍不死心，还想难为晏婴。他故意装作非常诚恳的样子，对晏婴说："一国之君要想长久保持国威，守住疆土，该怎么办？"晏婴不加思索地答道："先人民；后自己；先施惠，后责罚；强不欺弱，贵不凌贱，富不傲贫。不以威力搞掉别国国君，不以势众兼并他国，这是保持国威的正当办法。否则；就很危险了。"

　　自命不凡的吴王听完晏婴的慷慨陈词，再也想不出什么难题为难晏婴了。

　　还有一次，晏婴出使晋国。晋国大夫叔向见晏婴寒

第一章 捭阖

酸的装束颇为不解，酒席宴上委婉地问道："请问先生，节俭与吝啬有什么区别？"晏婴明白叔向的用意，也不动怒，认真地答道："节俭是君子的品德，吝啬是小人的恶德。衡量财物的多寡，有计划的加以使用，富贵时不过分地加以囤积，贫困时不向人借贷，不放纵私欲、奢侈浪费，时刻念及百姓之疾苦，这就是节俭。如果积财自享而不想到赈济百姓，即使一掷千金，也是吝啬。"叔向听了肃然起敬，不敢再以貌取人，小视晏婴了。

作为一个杰出的外交家，晏婴善于坚持原则性和灵活性的原则，面对大国的淫威，不卑不亢，出使不受辱，不仅在诸侯各国之间赢得了崇高的声誉，也保持和捍卫了齐国的完整和尊严。

晏婴以其杰出的外交才能和卓越的辩才，使自己在诸侯各国之间赢得的崇高的声誉，同时也提高了齐国的威望。但是；使晏婴经常为之忧心忡忡的，不是齐景公的霸业，而是姜齐政权本身存亡的问题。

齐国是个贵族的国家，大贵族之间不断地为争权夺利而互相倾轧，制造内乱。先是高、国二氏专权，继而又是崔、庆二氏。后来，庆氏又乘崔氏家族内乱而灭了崔氏，独自当国。接着栾、高二氏又联合诸贵族灭掉庆

氏而专权。周景王十三年（公元前532年），栾、高二氏又被新兴的陈氏（即田氏）联合鲍氏给除灭了。此后由于陈氏善于笼络人心而逐渐形成其一氏独大的局面，并且大有取代姜齐之势。晏婴清楚地看到了这一点，并深为姜齐政权而忧虑。一天，晏婴陪同齐景公坐在路寝（是古代天子、诸侯处理政事的宫室）里。景公不无感慨地说道："这宫室多美啊！将来谁会据有这里呢？"晏婴直言不讳地说："将来据有这宫室的，恐怕是陈氏吧。陈氏虽无大德，然对百姓却多有施舍。豆、区、釜、钟这几种量器的容积不同，向百姓征税时就用小的，向百姓施舍时则用大的。您征税多，而陈氏征税少，百姓自然心归于他了。长此以往，他的封地就将变成国家了。"景公深以为惧，急忙问道："这该如何是好？"晏婴说："只有礼可以阻止这种情况。按照礼的规定，家族的施舍不允许扩大到国内，百姓不得迁移，农夫不得挪动，工商不得改行，士不失官，官不怠慢，大夫不允许占取公家的利益。只有大行礼义，国君发令，臣下才能恭敬。父慈子孝，兄爱弟敬，丈夫和蔼，妻子温顺，婆媳和睦，姑嫂欢愉。如此治国，何患不平、国家不强？"

然而，在当时那种礼崩乐坏、公室衰微，政出私门,陪臣执国命的大变革时代,晏婴想用礼来维护和挽救旧有的秩序、旧有的尊卑等级关系,实在是一种幻想。姜齐政权的衰败和将被陈氏(田氏)所取代,已是不可逆转的历史趋势了。

周敬王二十年(公元前500年),晏婴病逝。晏婴死时,齐景公正在外地游玩,他闻知噩耗立刻疾驰回京,火速赶到晏婴家中,伏在晏婴的遗体上放声大哭,声相俱下地说:"您老人家生前日夜批评寡人,对寡人的过失一丝一毫也不放过,而寡人仍然淫佚不收敛,以致在百姓中积怨甚深。如今上天终于降灾祸于齐国了,却为什么不加在寡人身上,却偏偏落在您老人家身上呢?齐国的江山社稷危险了!"左右群臣无不失声痛哭。

晏婴死后多年,齐景公还不时地叨念说:"再没有人能像晏婴那样经常批评我的过失了。"

五、楚庄王迎战晋军

春秋时期,有一年,楚国的楚庄王亲自率领军队讨伐郑国,包围了郑国的国都。楚军一直包围了三个月,郑国被逼得走投无路,只好投降。郑伯脱去衣服,手里

牵着羊走出城去，迎接楚王，乞求说：

"我不能禀承天意事奉君王，如果您因为发怒前来问罪，我罪有应得，愿意听您发落，只是求您千万不要灭掉郑国！"

楚国的大夫们说："不能答应他，我们已经取得胜利了，岂能赦免他？"

楚庄王却说："郑伯能自下于人，看来是能够让人信任的，还是答应他们媾和吧！"

于是楚庄王下令楚军撤退三十里，与郑国结了盟。郑国把子良送到楚国做人质。

这时候晋国的军队赶来援救郑国，荀林父作为中军统帅，先谷作为辅佐。士会、郤克、栾书、韩厥等将领也分别率领上军、下军，奔到黄河边上。荀林父听说郑国已经与楚国讲和，便对将领们说：

"我们晚来了一步，人家已经媾和了，等楚军退走以后我们再去打郑国的主意吧！"

先谷反对荀林父说："这可不行！我们晋国就是因为军队作战英勇，才能称霸诸侯。如今碰上敌人不打就撤回，这是怯懦的表现。你们愿意逃跑可以，但我坚决不愿意，那样做不如死去！"说完，先谷就率领一部分

第一章 揣阖

军队渡过黄河，攻打楚军去了。

荀林父犹豫不决，进退两难。韩厥劝他说："你是最高统帅，军队不听从命令是你的过错呀！加上又丢失了郑国，这罪过太大了，我看不如干脆进军，即使不能取胜，失败了我们大家可以分担责任，总比你一个人遭受处罚强些吧！"

"也只好这样了！"荀林父下了命令："全军渡过黄河，征伐楚军！"

楚庄王这时正在黄河边上休整，准备回国。听说晋军已渡黄河，他更想尽快离开，避免同晋国交战。但是他的宠臣伍参坚决不同意，他想与晋军大战一场。他说：

"我了解晋军的情况，他们的将领都是新换的，不能行使命令。尤其荀林父那位副手，他叫先谷，非常固执、任性，自以为是，不听指挥，所以晋军有令不能行，一定会失败的。而且您是楚国的国君，哪有一见敌人就仓皇逃跑的呢！楚国是不能忍受这个耻辱的！"

楚庄王采纳了伍参的意见，下令军队向北前进，迎战晋军。

晋军过了黄河，驻扎在敖山与缪山之间。郑国暗地

鬼谷子

里派人对先谷说:"我们郑国对晋国是忠心的,暂时屈从于楚国,与他们签订盟约是迫不得已,只是想保存国家。现在楚军疲累,正是攻打他们的好时机,我们郑国军队愿做你们的后援!"

先谷信以为真,果断地说:"好!打败楚国、降服郑国,就在此一举!"

楚军和晋军开始交战,因为楚军早有准备,所以很快就把晋军打得一败涂地,晋军伤亡严重,大败而归。

六、由此及彼

春秋时期,齐宣王执政的时候,孟子来到齐国。他看到当时的齐国国内社会不安宁,老百姓有些饥寒交迫,可国君齐宣王却根本没有认识到自己的责任,就请求面见齐宣王。

齐宣王同意召见孟子。孟子一见面,就对齐宣王说:"如果您手下的一位大臣,把他的妻子儿女托付给朋友照顾,自己去周游列国。等他出游归来,发现他的妻子儿女受冻挨饿已有好长时间了,那位朋竟不顾信义到如此程度。请问,对这样的朋人,您会怎么对付

第一章 捭阖

他呢?"

齐宣王毫不迟疑地说:"当然是和他断绝往来!"

孟子又接着说:"假如一个国家,管理刑罚的长官,却不能管理好他的部下,您说,应该如何处治他呢?"

"那还用问,罢他的官呗!"齐宣王回答得仍然十分干脆。

孟子紧接着又问:"一个长官管理不好他的部下要罢官。那么,假如一个国家的政务处理得不好,老百姓挨饿受穷,那么该怎么办呢?"

齐宣王一想,这不是要让我这个国君承担责任吗?他自知理亏,无言以对,'就把话题扯到别的事情上去了。孟子见他这副样子,觉得再劝说也没有用,就离开了。

七、后生可畏

春秋时期,齐国有一个名叫阎丘邓的人,他年纪轻轻,却很聪明。

有一天,他在路上拦住了国君齐宣王,对他说:"我家里很穷,父亲母亲都年纪很大了,所以我希望您

能让我做个小官,以便使我能够奉养家中的老人。"齐宣王说:"你的年纪还太小,刚18岁,还不可以做官。"

阎丘邓说:"您的话不对。从前颛顼才12岁就治理天下了,秦项橐才7岁,就做了孔子的老师。从这点看来,我只是没有他们才能高。并不是我的年纪小。"齐宣王说:"只有成年的马,才能驾着车子到遥远的地方去。读书人只有头发白了,知识多了,才可以担任官吏。"

阎丘邓继续反驳说:"俗话说:尺有所短,寸有所长。使骏马和黄鼠狼在厨房里比赛谁跑得快,骏马是不如黄鼠狼的。黄鹄和白鹤,一飞千里,但叫它们和燕子、麻雀在房檐下比赛,肯定不是对手。由此可见,白发斑斑的人和年轻年少的人各有所长,不可偏废。"

齐宣王听了他这一番答辩,觉得他的确不简单,就问他:"你说得有理,有这么多好的见解,为什么不早来见我呢?"阎丘邓说:"鸡鸣猪叫的嘈杂声音,会把钟鼓的声音掩盖;云雾太多,能把日月的光辉遮蔽。因为君主的身边有些奸臣小人,所以我至今才能见到您。诗经上有这样的话:'对于顺耳的话,就喜欢采纳;对逆耳的话,就厌恶不理。'如果像这样,忠臣贤士们怎能有机会参与国家政治呢?"

齐宣王说:"照你这么说,那就是我的过失。"于是,齐宣王用自己的车,把阎丘邓接到了宫中,并任用了他。

人们得知了这件事,就用孔子说的"后生可畏"来形容年轻的阎丘邓的聪明机智。

八、刘邦算计项羽

汉王刘邦收拢到一些被打散的士兵,萧何也把关中的士兵全部都派发到荥阳,和楚军在荥阳南边的京邑、索亭之间打了起来,打败了楚军。楚军因此不能通过荥阳向西进发。汉军屯兵荥阳,修了大路,作为取敖山上粮仓里的粮食用。秦二世三年(公元前207年),项羽进攻几次,断绝了汉军的取粮的道路,汉王刘邦军内粮食紧张了,请求讲和,把荥阳以西的土地划给汉军。项羽准备答应这个条件。历阳侯范曾说:"汉军好对付,现在不攻取,以后是要后悔的。"项羽于是更加急迫地围攻荥阳。汉王刘邦很担心,便给了陈平四万斤金子用以离间楚国君臣之间的关系。细节在《陈平传哩详细记

鬼谷子

述。项羽因此而怀疑范曾。并且剥夺了范曾的一部分权力。范曾愤怒地说:"天下的事情已基本定下来了,君王您自己去干吧!请你赏赐我引退回家吧!"还没走到彭城,背上长了一个毒痈就死了。就在这时,汉军将领纪信诈称汉王刘邦出来投降,以欺骗楚军,所以汉王刘邦能够和几十个骑马的兵将从荥阳西门跑了出去。

九、朝令暮改

"朝令暮改"的意思是说,早上发布的政令,晚上又改变了。人们用它比喻政令多变,反复无常。

此典出自《汉书·食货志上》:"今农夫五口之家,其服役者不下二人,其能耕者不过百亩,百亩之收不过百石。春耕夏耘,秋获冬藏,伐薪樵,治官府,给徭役;春不得避风尘,夏不得避暑热,秋不得避阴雨,冬不得避寒冻,四时之间亡日休息;又私自送往迎来,吊死问疾,养孤长幼在其中。勤苦如此,尚复被水旱之灾,急政暴赋,赋敛不时,朝令而暮改。当具有者半贾而卖,亡者取倍称之息,于是有卖田宅鬻子孙以尝责者矣。"

第一章 捭阖

西汉时期,有个人叫晁错(公元前 200 年~前 154 年),颍川人。他聪明好学,学识渊博,被称为"智囊"。文帝非常信任他,任他为太子家令。

文帝后期,官僚、地主、商人加重了对农民的剥削,广大农民被迫逃亡,生活非常困苦。为了维护汉王朝的统治,晁错上书汉文帝,主张打击商人投机倒把的行为,限制官僚、地主对农民的剥削,提出注重粮食、发展农业生产的建议。这就是著名的《论贵粟疏》。

晁错在《论贵粟疏》中写道:"农夫一家平均五口人,其中应服徭役的壮男至少有两人,一年里有几个月不能在自己的田地上劳动。一家人齐心协力种田也超不过一百亩,收获也超不过一百石。春耕、夏耘、秋获、冬藏、采伐薪柴、给官府服徭役等等,一年到头忙个不停。春天,不能躲避风尘;夏天,不能躲避炎热;秋天,不能躲避阴雨;冬天,不能躲避严寒,一年四季,哪有喘息的机会呢?另外,还有其他的耗费,如送往迎来、吊死丧、问疾病、养育孤儿幼童也包括在内。他们不但勤苦至极,而且还要承受水灾和急征赋税的剥削。如此沉重的赋税,不分时间地征收,而且变化无常,早上的规定,到了晚上又改变了。在这种情况下,农民有

粮食的只好半价出卖,没有粮食的只好借那种取一还二的高利贷。到头来他们无可奈何,不得不卖掉田宅、子孙来还债。"

一〇、文恬武嬉

"文恬武嬉"形容文武官员贪图享乐,一点也不把国家大事放在心上。

此典出自唐代韩愈《昌黎先生集·平淮西碑》:"相臣将臣,文恬武嬉。"

唐玄宗李隆基是唐代帝王中在位时间较长的一个,从公元712年到公元756年,先后统治了四十五年。李隆基执政期间,先后任用李林甫、杨国忠等奸臣,到开元末年,政治日趋腐败。李隆基本人则爱好声色,奢侈荒淫。同时,由于府兵制遭到破坏,京师和中原地区武备空虚,西北和北方各镇节度使兵权在握,天宝十四年(公元755年)爆发了安史之乱。第二年,玄宗逃亡四川。至德二年末(公元758年实)回长安,后来郁闷而死。

到了唐宪宗时,淮西节度使吴元济又发动叛乱。公元817年，著名文学家韩愈随宰相裴度前往淮西平叛。叛乱平息以后，宪宗命韩愈撰写《平淮西碑》，以记述这件事。韩愈在碑文的开始，首先指出了淮西叛乱发生的根源：唐玄宗时，自恃国力强盛，荒淫奢侈。安史之乱虽然平息了，但北方的人民却蒙受了巨大的灾难。由于皇上荒淫，朝中的文官只知安逸享乐，武将也只是追求声色犬马。这种风气如果延续下去，国家的前途便不堪设想了。

一、五马分尸

"五马分尸"是一种极其残酷的刑罚，商鞅推行变法，立下了很大的功劳，在历史上也产生了很深的影响，但他自己却没有处理好各方面的关系，因而得到了一个悲惨的结局。

此典出自《战国策·秦策》："卫鞅亡魏入秦，孝公以为相，封之于商，号曰商君。……孝公行之八年，疾且不起，欲传商君，辞不受。孝公已死，惠王代后，执政有顷，商君告归。……商君归还，惠王车裂之。"

秦孝公因卫鞅占领了西河，打了大胜仗，就封他为

鬼谷子

侯,把商于(在河南省淅川县西;)一带十五座城封给他,称他为商君。卫鞅就叫商鞅了。

商鞅谢恩回来,非常得意。家臣和亲友们都向他表示祝贺。有的说,秦国能够这么富强,全是他的功劳;有的说,他是自古以来最出名的改革家;有的说,他改变了土地制度,真了不起;有的说,他压住了贵族,实行连坐法,他所做的每一件事都是大事情。大伙儿你一言、我一语,说得商鞅心里美滋滋的。他骄傲地问他们:"我比五羖皮大夫怎么样?"大伙儿都奉承着他,说:"他哪儿比得上你呢?"其中有位叫赵良的门客,听了这些话,实在忍不住了,大声地说:"你们都在商君门下吃饭,怎么不替他担点心事,反倒胡说八道,一味地奉承他!"大伙儿听了,不敢出声。商君有点不高兴,在他满面春风的脸上浮上一层怒气,问他:"先生有什么话要说?"赵良说:"您要知道一千个人瞎称赞,不如一个人说真话。如果您不介意的话,我就说给您听听。"商鞅关于笼络门客,听了赵良的话后,立刻恭敬地说:"俗语说,'良药苦口',请先生指教。"

赵良一想,要说就说个透,要骂就骂个够。他挺郑重地对商鞅说:"您说起五羖皮大夫,我就把他跟您作

第一章 揣阖

个比较吧。百里奚在楚国给人看牛,秦穆公知道了,想方设法请他来当相国;您呢?三番五次地托个小人景监给您介绍。百里奚得到了秦穆公的信任,就推荐别人。百里奚当了六七年相国,连续三次平定晋国的内乱,中原诸侯都非常佩服,西方的小国都来归附;您呢?冤了朋友,夺了西河,只讲武力,不顾信义,谁还能诚心诚意地相信您?百里奚处处替老百姓着想,减轻兵役,不乱用刑罚,叫老百姓能够安居乐业;您呢?把老百姓当做奴隶,采用最严厉的手段管理老百姓。百里奚生活非常俭朴,出去的时候不用马车,夏天在太阳底下走,也不打伞;您呢?每逢出去的时候,车马几十辆卫兵一大队,前呼后拥,吓得老百姓唯恐躲闪不及。百里奚死后,全国男女老少痛哭流涕,好像死了自己的父亲;您呢?割了太子的师傅公子虔的鼻子,在太师公孙贾脸上刺了字,一天之中杀了七百多人,连渭河的水都变红了。全国人民,哪一个不恨您。说句不中听的话,他们恨不得您早点死呢。别人只知道奉承您,我可真替您担心哪。"

商鞅听了这番话,一句话也没说,叹了口气,说:"我竭尽全力为老百姓着想,怎么反倒叫人家都怨恨起来？这是什么道理？"赵良说："我知道您替老百姓着想，可是您的办法很不妥当。您有两个最大的毛病：第一、您只是说服了国君，得到他一个人的信任，可是没有别的人来帮助您；第二、只管替老百姓打算，不管人家愿意不愿意，就推行新法，不许老百姓替自己打算。老百姓就算得到了好处，他们不但不感激您，还都怨恨您。您自以为事事都替老百姓着想，实际上，您的心目中没有任何人。"商鞅打断他的话说："他们知道什么？"赵良说："您以为用不着听从老百姓的意见。老实说吧，自古以来，没有一个国君或是一个大臣单凭着自己的威力，违反老百姓的意志，能够成功的。俗语说，'顺天者昌，逆天者亡'。这句话说得非常正确。违反了老百姓的意志，就是违反天意。违反了天意，就没有不失败的。'天'是什么啊？天没有耳朵，他凭着老百姓的耳朵来听；天没有眼睛，他凭着老百姓的眼睛来看。我看着上上下下的人都怨恨您，就知道天也怨恨您。因此，我非常替您担心。为什么您还不赶快推荐别人来代替您呢？要是您现在能够立刻回头，安分守己地去种地，或许还能够保住您的性命。"商鞅听了赵良这些话，心里头闷闷不乐。可是他哪舍得把大权交给别人？种地

第一章 掉阁

也得有福分哪!

周显王三十一年、秦孝公二十四年(公元前338年),秦孝公得了重病。他想把君位传给商鞅,商鞅怎么也不肯接受。秦孝公一死,太子驷即位,就是秦惠文王。他做太子的时候,因为反对新法,被商鞅给定了罪,如今太子当上了国君,公子虔和公孙贾他们就得了势。这一帮人都是商鞅的冤家对头。这样一来,他就找商鞅算账了。秦惠文王就加了个谋叛的罪名,下令逮捕商鞅。

商鞅打扮成一个老百姓,打算跑到别国去。他到了函关天黑下来了,只好上一家客店去住。客店老板要检查凭证,商鞅交不出来。老板说:"你这位客人真不明白。商君下过命令,不准我们收留没有凭证的人。如果我收留了你,我就要被砍头了。"商鞅一听,这可真是"哑巴吃黄连"——有苦说不出。

当天晚上,他不能住店,不过他还是想办法混出了函关,连夜逃到魏国。魏惠王恨他当初欺骗了公子印,夺去了西河,正想抓他,好报当年的仇。商鞅这才觉得这么大的天下,容不下他这么一个人。他又跑回商于。秦惠文王立刻发兵围住商于,把商鞅逮住,用最残酷的

鬼谷子

刑罚把他弄死。有的说,他的身子是叫车马撕开的。有的说,他的脑袋和两只手两只脚上各拴上一匹马,有五个人往五个方向打马,那五匹马分头一跑,商鞅的身子就这么扯成五六块。这就叫"五马分尸"。商鞅被弄死了以后,他的全家也被满门抄斩。

一二、下马威

"下马威"指新官上任,装腔作势地显示威风。

此典出自《汉书·序传》:"定襄闻伯素贵,年少自请治剧,畏其下车作威,吏民悚息。"

西汉有个叫班伯的少年,家世显贵,常出入宫中,很受皇帝的信任。

当时,定襄石、李两家大姓对抗朝廷,捕杀地方官吏,弄得定襄一带人心惶惶。班伯正准备出使北方的匈奴,听到这种事,主动向皇上请求去定襄做太守。

定襄的豪绅大姓听说来了一位年少气盛的新太守,认为他走马上任伊始,一定要雷厉风行,大抓大杀,显示一下威风。因此,他们就把犯了罪的人藏起来,然后静观其变。

班伯首先请来了当地的豪绅大姓，恭敬地对他们说："在座的都是父兄师父，今后有什么事，还需要大家鼎力支持。班伯一人治理不好定襄，所以也不准备在这里待得太久。定襄是在座诸位的，要治理好也是诸位的事。我这次来，只是同大家交朋友。"说完，班伯对年长的行了儿、孙礼。从这以后，班伯果然不问定襄的事，整天只知道广交朋友。日久天长，他结交了不少的人，逐渐了解到那些犯法的人匿藏的地方。于是，班伯召集民吏，分头捕获，不到十天，郡中震动。定襄很快恢复了秩序。

一三、因势利导

此典出自《史记·孙子吴起列传》："善战者因其势而利导之。"

此话大意说的是：顺着事物发展的趋势，加以引导。

公元前342年，魏国攻打韩国，韩国向齐国求救。齐威王一时拿不定主意，于是把大臣们都召集起来，商量对策。大臣们都到齐了以后，齐威王就问："韩国派

鬼谷子

使者来向我求救,我们是早去救好,还是晚去救好?"齐威王这一问,他手下的大臣们马上就议论开了,成侯的意见是不救,田忌的意见相反。他认为,韩国被打败了,必然依附魏国,还是早点去救为上策。

正当双方意见相持不下时,孙膑站出来说:"现在韩、魏尚未正式交战,如果早去援救,我国将代替韩国与魏国作战,势必蒙受极大的损失;不如等他们双方的实力都消耗得差不多时,我们再出兵相救,这时可以名利双收。"齐威王认为这个意见很好,就答应韩国的使者,请他回去转告韩王,齐国会出兵相救。

韩国有了齐国作后盾,就拼命地抵御魏国大军的进攻。双方交战五次,但韩国五次都遭到失败,只好再派人向齐国求救。

齐威王一看是时候了,就派田忌为大将,孙膑为军师,发兵救韩。孙膑仍用十三年前围魏救赵的老办法,他不去与魏国的大部队正面交锋,而是避实就虚,挥师直逼魏国的都城大梁。

魏军的主将庞涓听到这个消息后,马上把军队从韩国回撤,没想到,这时的齐国大军已经越过边界,进入魏国境内。

第一章 捭阖

孙膑早料到庞涓势必回撤,就对田忌献策说:"魏军向来强悍勇敢,轻视齐国,以为我军不敢和他们作战。会用兵的人,就要因势利导,引诱他们中计。现在我军进入魏国国境,可用减灶之计来蒙骗他们。"他接着说:"第一天扎营时,要架造供十万人煮饭的灶,第二天架造供五万人煮饭的灶,第三天只架造供三万人煮饭的灶,让敌人以为我们的军队惧战,天天有士兵在逃跑。"

果然不出孙膑所料。庞涓一路追踪齐军,看到齐军炉灶天天减少,庞涓中计。于是,他只带了一部分骑兵轻装前进,追赶齐军。

孙膑算好了魏军在天黑时会赶到马陵,马陵在河北省大名东南面。这里两面是山,道路狭窄,地势险要。孙膑就将大军埋伏好,静静地等待魏军进入伏击圈。

夜里,魏军进了马陵道。一时间,齐军万箭齐发,魏军纷纷倒毙,溃不成军。庞涓一看败局已定,就拔剑自杀了。齐军乘胜追杀,彻底打垮了魏国大军。这就是历史上著名的马陵之战,以魏军惨败、主帅庞涓自杀而宣告结束。

今天,我们重温这段历史,在佩服孙膑的战略战术

精妙的同时,又不免让人回忆起湘鄂赣苏区第一次反"围剿"作战。那是1930年12月至1931年1月的一段艰难困苦的日子。国民党在对中央苏区进行第一次"围剿"的同时,调集6个师又一个团的兵力,围剿湘鄂赣苏区。我苏区的红16军决定"因势利导",同国民党军队兜圈子,以"避其锋芒,打其虚弱"的战术,粉碎了敌人的"围剿"。

一四、伤弓之鸟

此典出自《晋书·苻生载记》:"伤弓之鸟,落于虚发。"

《晋书·苻生载记》中的典故,叫"伤弓之鸟"。很多人认为这就是关于伤弓之鸟典故的最早记载。其实《晋书》中记载的并不是典源,而是引用《战国策·楚策四》中的故事。原文是这样的:

雁从东方来,更赢以虚发而下之。……对曰:"其飞徐而鸣悲。飞徐者,故疮痛也;鸣悲者,久失群也。故疮未息而惊心未至也,闻弦音,引而高飞,故疮陨也。"

第一章 捭阖

这段文字就是"伤弓之鸟"典故的由来。意思是指受过伤的鸟,比喻经过祸患,遇事犹有余悸的人。

战国后期,秦国为了兼并天下,频繁地向东方各国发起进攻。强大的秦国把各国的军队打得丧魂落魄,就连兵多将广的楚国也接连战败,楚国的临武君等人也都成了败军之将。

公元前241年,楚、赵、魏、韩、卫五国,为遏制秦国,决定再一次合纵抗秦。这五国中,由于楚国的军事实力最强,便一致推举楚王为合纵长。

联军组建后,赵孝成王认为,如果没有智勇双全的大将来统一指挥,还是不可能战胜秦军。于是,赵孝成王就特意派魏加出使楚国,试探楚国准备让谁来担任联军的统帅。

当时,春申君黄歇执掌着楚国的军政大权。魏加见到春申君后,就坦率地问楚国有没有能当联军统帅的大将?春申君说他准备让临武君来领兵。魏加听后,很不以为然。他说:"我很小的时候就喜欢射箭,我跟你讲个射箭的故事吧。"春申君说:"当然可以。"魏加说:"有一天,魏国有个叫更嬴的人,陪魏王在主宫一处高台上游玩,天空不时有群群飞鸟掠过。更嬴对魏王

说：'臣可以只拉弓，不发箭，就射落天上的飞鸟。'魏王以为更羸是在说笑。过了一会儿，有只大雁从东方飞来。"这只雁飞得很慢，叫声凄厉。更羸便把弓拉满弦，手一松，只听"崩"的一声，那只大雁就掉了下来。魏王惊叹不已，忙问其中的奥妙。更羸不慌不忙地说：'实不相瞒，这是一只受了伤的大雁。我见它飞得很慢，是因为它的旧箭伤还在作痛；它的鸣叫声凄厉，那是因为它久已失群；它的旧伤还没有痊愈，心里还有余悸。所以，一听到弓弦的声音，就急忙高飞，结果引发了旧伤迸裂，支持不住，就掉了下来。'"

讲完"伤弓之鸟"的故事后，魏加这才言归正传，对春申君说："临武君曾被秦国军队打败，这不就像是一只受了伤的大雁吗？他至今还心有余悸，慑于秦兵的威力，又怎么能领兵抗秦呢？"春申君这才恍然大悟。

后来，春申君听取了魏加的建议，但合纵抗秦之事，却以失败而告终。当秦国大军出函谷关后，屡战屡败的五国军队便惶恐不安，纷纷溃退，恰似一群"伤弓之鸟"。

今天，我们把这个典故通作"惊弓之鸟"，正是依据伤弓之鸟典故而来的。

一五、雁默先烹

"雁默先烹"表现了消极躲避、全身远害的处世之道。

此典出自《庄子·山木》。

有一次,庄子在山中行走,见到路旁有一棵大树,枝叶茂盛。伐木人走到大树旁,看了看,却没有砍伐它。庄子问伐木人为什么不砍伐这棵树,伐木人回答道:"这棵树的材料没有用处。"庄子感叹地说:"这棵树因为不成材才得以继续活下去啊。"

庄子出了山,住到一个老朋友家里,老朋友非常高兴,叫童仆杀雁款待庄子。童仆询问道:"一只雁能叫,另一只雁不能叫,杀哪一只呢?"主人说:"杀那只不能叫的雁。"

第二天,弟子问庄子说:"昨天山中的那棵大树,因为材料不能用而能够继续活下去;您朋友家里的那只雁,却因为不能叫而被杀掉了。请问先生,您将如何处世呢?"

庄子笑着说:"我将处于有材与不材之间。有材与

不材之间,似是而非,好像很妥当。但是,还会受到忧虑所累。"

一六、仰人鼻息

"仰人鼻息"形容依赖他人,看人脸色行事。

此典出自《后汉书·袁绍传》:"馥素性恇怯,因然其计。馥长史耿武、别驾闵纯、骑都尉沮授闻而谏曰:'冀州虽鄙,带甲百万,谷支十年。袁绍孤客穷军,仰我鼻息,譬如婴儿在股掌之上,绝其哺乳,立可饿杀。奈何以州与之?'馥曰:'吾袁氏故史,且才不如本初,度德而让,古人所贵,诸君独何病焉?'"

公元189年,汉灵帝刘弘病死,汉少帝刘辩继位,当时,他只有十四岁,由何太后临朝听政。何太后的哥哥何进以大将军的身份辅助朝政,他联络司隶校尉袁绍等人,召回了董卓等驻在外地的将领,准备诛灭势力猖獗的宦官。董卓军是汉、羌、胡各族的混合武装集团,凶悍而野蛮,他们一到洛阳,便大肆劫掠屠杀。董卓还废掉了汉少帝,另立少帝九岁的弟弟刘协做傀儡皇帝,即汉献帝。董卓自封太尉、相国,独揽朝政。公元190

第一章 捭阖

年,后将军袁术、冀州牧韩馥、勃太守袁绍以及曹操等豪强相继起兵讨伐董卓。他们联合起来,组成关东联军,声势很大。袁绍是北方最大的豪强,被推举做了盟主。袁绍自封车骑校尉,各支部队的首领也都授给武官称号。

公元191年,袁绍请刘虞称帝,遭到刘虞拒绝。这时,关东军内部的矛盾进一步激化,互相之间争权夺利,扩大自己的割据势力。袁绍秘密联络占据辽东的豪强公孙瓒,让他以讨伐董卓为借口,袭击占据冀州的韩馥。同时,袁绍派遣颍川荀谌等人去说服韩馥,逼迫他交出冀州。

韩馥生性懦弱、胆小,听从了荀谌等人的劝告。他手下的长史耿武、别驾闵纯、骑都尉沮授听说韩馥要让出冀州,坚决反对,就劝止说:"冀州虽是个小小的地区,但是拥有百万强兵,所存的粮食可以够吃十年。袁绍势单力薄,依赖我们而活着,就像吃奶的孩子依偎在我们的股掌之上,一旦不给他奶吃,他立刻就会饿死。我们为什么还要把冀州让给他呢?"韩馥回答说:"我原先是袁绍的老部下,并且才干也不如他。我衡量自己的德才,觉得不如袁绍,于是决定让贤,这是古人所提倡

的,你们为什么要反对呢?"

最后,韩馥还是让出了冀州。袁绍自任冀州牧,割据河北,任韩馥为奋威将军,却不给他兵将,让韩馥成了光杆将军。

一七、一夜十起

"一夜十起"形容待人体贴周到,无微不至。

此典出自《后汉书·第五伦列传》:"吾兄子病,一夜十往。退而安寝;吾子有疾,虽不省视而竟夕不眠。"

东汉时候,京兆长陵有一个叫第五伦的人,第五是他的姓氏,伦是他的名字。

第五伦年轻时勇武侠义,曾率领本族人防御盗贼、修筑营壁。他身先士卒,豪爽果敢,觉得乡亲们的信任。地方官吏觉得他挺有能力的,便任命他为小吏,后他又担任京兆尹的主簿。他办事公平,为官清廉无私,得到光武皇帝的赏识,于是派他去做会稽太守。

第五伦生活简朴,虽然他有丰厚的俸禄,但却只要一个月的粮食吃用,余下的粮食都降价卖给贫困人家。

第一章 捭阖

平常自己割草喂马,让妻子做饭,也不雇用仆人,当时会稽地方人们迷信,相信占卜算卦,并且每年要杀耕牛祭神,巫祝说如果谁自己吃了牛肉而不祭神,就会闹病,像牛那样吼叫,然后暴死。为此,百姓们吃尽了苦头。第五伦到任后,决心治理这种恶习邪俗。他下定决心要惩罚那些诈骗百姓的巫祝,又贴出告示,如果有人无端地杀死牛就办他的罪。这样一来,会稽的百姓都安居乐业了。

后来,第五伦做了朝廷的代理司空,他看到肃宗皇帝将太后的亲属都委以重任,觉得十分不合于法度,将来必会给国家带来灾难,就直言不讳地批评皇帝。他处处奉公守节,说话办事毫无顾虑,家人和孩子常劝他别太任性,以免得罪权贵自讨苦吃,但他却训斥儿子不忠不贞。

第五伦的铁面无私在朝廷内外一时传为美谈,人们都非常敬重他。一天,一位同僚赞扬他说:"像你这样的人真可以说是毫无私情了!"

第五伦却认真地反驳说:"你说的也不全对!以前曾有一位熟人送给我一匹马,想叫我帮他谋取一个官位。我当然没收下马,可是当我举荐别人做官时,却又

常常想起他。这不是证明我还是有私情吗？再比如说，我的侄儿生病，一晚上我起来十几回去看他，但回到床上我很快就睡着了，而且睡得非常踏实。但我自己的儿子生病时就不同了，虽然晚上我不过去看他，但我整夜都睡不着觉，担心孩子的病情。你看我哪里够得上是毫无私情呢？"

一八、以假为真

"以假为真"尖锐地讽刺了那些由于趋炎附势、讨好上司而混淆事非的人。

此典出自王明清《玉照新志》。

石才叔，字苍舒，长安人。他与黄山谷交往密切，能写一手绝妙的字，家里收藏了很多书籍。文彦博镇守长安的时候，向他借阅所收藏的褚遂良的《圣教序》手写本。文彦博爱不释手，于是便叫他儿子摹写了一本。一天，文彦博宴请他手下的官员，他把《圣教序》原本和摹写本都拿出来，叫宴席上的客人分辨真假。这些客人都认为文潞公的摹写本是真的，认为石才叔的收藏本是假的。石才叔也不辩解，只是笑着向文彦博说："今天才知道我苍舒孤苦寒微。"文彦博大笑起来，宴席上的客人都非常羞愧。

一九、鱼龙混杂

"鱼龙混杂"比喻成分复杂，好人坏人混在一起，一时难以分辨。

此典出自《敦煌变文集·伍子胥变文》："皂白难分，龙蛇混杂。"

"皂白难分，龙蛇混杂"，这是伍子胥为了报楚平王杀父杀兄之仇，由楚国跑到吴国后，对吴王阖闾说的话，原文主要意思是：楚平王昏庸残暴，大臣们作威作福，在楚国国内黑白不分，混淆是非，人妖颠倒，鱼龙混杂……

二〇、不明所以的惠子

战国时，魏惠王与齐国田侯牟签订了盟约，后来田侯牟背叛了盟约，魏惠王勃然大怒，打算派人去刺杀田侯牟，以发泄心头的愤怒。公孙衍听说后对魏惠王说：

"大王身为一国之君,却采取普通百姓的报复手段,我真替大王感到惭愧。不如给我二十万兵马,攻打齐国,活捉他的老百姓,抢走他们的牛羊,让田侯牟想起这件事就浑身冒汗。此后再攻占他的国家,捉住他,鞭打他,折断他的骨头。"

季子在一旁听了公孙衍的话,嘲笑他说:"修筑一道十丈高的城墙,已经筑了七丈,又把它毁坏,岂不是故意劳累百姓吗?魏国有七年不打仗了,这是一件好事,是大王立国之本。公孙衍无端挑动战争,大王不要听他的。"

魏国朝廷的这场争论,被一个叫惠子的人知道了,他弄不清到底哪一种观点才对,就请教一个叫戴晋人的读书人。戴晋人没有直接回答他,而是说:"蜗牛的左角有一个国家叫触氏,右角上有一个国家叫蛮氏。有一次两国为了争夺地盘而发生战争,双方大战了半个月,死亡好几万,尸横遍野。后来触氏国打胜,乘胜追击,占领了蛮氏国不少的地方。"

惠子听后,笑着说:"哎,你也太夸张了,世界上哪有这样的事!"戴晋人解释说:"事情虽然有些夸张,但道理是完全相同的。蜗角两国所争夺的地盘,在一个真正完美的人看来,也不过针尖大。他们完全是为了虚名在进行战争!"

惠子佩服地说:"你的见解太高明了!"

二一、诸葛亮初出茅庐

三国时期,刘备为了争夺天下,他三次去请隐居在南阳的诸葛亮,后来诸葛亮当了刘备的军师。开始的时候关羽、张飞等人很不服气,他们对刘备说:"诸葛亮年纪轻轻,能有多大本事!您过分敬重他了!到现在没看见他起多大作用!"刘备回答说:"我有了诸葛亮,就好像鱼得到水一样。两位兄弟不要再多说了。"

不久,曹操派夏侯惇带领十万大军,杀奔新野,攻打刘备,曹军已逼近博望城。当时刘备兵力很少,情况非常危急。他召集关羽、张飞等将领,商量迎战的对策。张飞发牢骚说:"哥哥为什么不让诸葛亮去对付?"刘备请来诸葛亮,诸葛亮说:"让我调兵遣将,恐怕关、张二人不服。"于是刘备就把宝剑和帅印交给了诸葛亮,一切由他指挥。

诸葛亮有了指挥作战的军权,便召集众将听令。诸

葛亮命令关羽带兵一千人,埋伏在博望城左边的豫山上,敌军来时可放过不打,望见南面起火时,就出兵截杀,烧毁曹军后队粮草。命令张飞领一千士兵,去博望城右边山谷中埋伏,望见南面起火,就向博望城方向进攻,把曹军囤积的粮草烧掉。命令关平、刘封带领五百士兵,准备好放火用的东西,在博望坡后两边等候,曹军一到,立即放火。命令赵云做前锋,边战边退,引诱敌人。最后让刘备亲自带领一支军队,驻扎在博望山下,敌军到时就弃营退走,看见火起,回军冲杀。诸葛亮分派完以后,众将都疑惑不解。关羽说:"咱们先按他的计策去办,打不赢再跟他算账!"于是,众将都按令行动。

夏侯惇带领曹军扑向博望,他分派一半精兵做前锋,剩下的在后面押运粮草。这天晚上,夏侯惇借着月光看见赵云的兵马,哈哈大笑说:"有人说诸葛亮会用兵,如今他让赵云这点人马作前锋,就好像让羔羊和虎豹争斗。今天我一定能够活捉刘备、诸葛亮!"于是他亲自与赵云交战,赵云假装败走,夏侯惇率军紧追。曹将韩浩对夏侯惇说:"赵云是诱敌之计,可能会有伏兵。"夏侯惇回答说:"敌军这点兵马,即使是有

第一章 摔阉

十面埋伏,我也不怕!"他不听劝告,一直追到博望坡。突然一声炮响,刘备领兵迎战,夏侯惇笑着对韩浩说:"这就是他们的伏兵,有什么可怕的呢!今晚不打到新野,决不收兵!"战了几个回合,刘备和赵云一起退走。

到了深夜,天空浓云密布,没有月色,又刮起大风来。夏侯惇只顾催军追赶,不觉追到一条狭窄的小路上,路边都是芦苇。曹将于禁对夏侯惇说:"这里道路狭窄,两旁草木丛生,我们要防备敌人火攻。"夏侯惇猛然醒悟,忙下令立即后撤,可是已经来不及了,话音未落,背后喊声震天,火光四起,道路两旁的芦苇即刻燃烧起来,风大火猛,曹军乱成一团,烧死的、自相践踏死的,不计其数。赵云回兵冲杀,夏侯惇冒着烟火逃走。曹将李典收兵后退,被关羽截住冲杀,只好夺路而逃。于禁见后路粮草被烧,就投小路奔逃。曹将夏侯兰、韩浩来救粮草,正遇张飞。张飞一枪刺死夏侯兰,韩浩夺路而逃。天亮以后,曹军尸横遍野,血流成河。

诸葛亮得胜收兵回营,关羽、张飞二人叹服地说:"诸葛亮真是英杰呀!"

二二、项羽安置章邯

　　章邯屯兵在棘原，项羽屯兵在漳南，两军互相对峙但没有交战。秦朝军队还退却了好几次，秦二世派使者来责备章邯。章邯害怕了，让一个长史司马欣去请示有关事情。到了秦都咸阳，在皇宫外门停留了三天，权臣赵高不予接见，内心对章邯等不信任。长史司马欣害怕了，往回跑了，但却不敢走来时的路。赵高果然派人去追赶他，没追上他。

　　司马欣回到军营里，向章邯报告说；"军队里的事已经没法干了。丞相赵高独揽国家大权，现在打了胜仗，赵高就嫉妒我们的功劳；打败了，免不了被杀。请将军您好好考虑一下。"陈余也给章邯去信说："白起在当秦国大将时，在南边攻克了楚国都城鄢郢，在北边坑掉了赵国马服君的大军，攻陷城池，占领土地，数都数不过来，而最后被'赏赐'一个自杀身亡。蒙恬当秦国大将时，北边打跑了匈奴人，开拓出榆中（今内蒙古自治区黄河北岸的广大地区）土地数千里，竟然在阳周县被砍了头。为什么会如此？功劳多了，秦朝又不肯封地

第一章 捭阖

封侯,因此就想着法杀掉了事。现在将军您给秦朝干了三年了,所伤亡损失的士兵已有十来万,而各路诸侯风起云涌越来越多。那赵高一向蒙蔽秦二世,日久恐怕败露,现在军情又很紧急,他也担心秦二世把他杀了,所以想要找个借口依照法律把将军杀了,好搪塞过去,让别人代替他以逃脱眼前这个灾祸。将军您长期在外边,与赵高难以相容,你有功劳被杀,没功劳也被杀。并且大意要灭亡秦朝,不论聪明人还是愚笨人都明白这一点。现在将军您在秦朝内部不能直言进劝,在外边又是一个亡国之将,孤立无援而又想在世上长久存在,岂不是很可悲吗?将军您为何不使军队脱离秦朝,而与各路诸侯合纵为盟,也成为一路诸侯,这与您被刀斧加身、妻子儿女都被杀哪个更好呢?"

章邯对此将信将疑,暗地里派自己的军候始成到项羽那边去接洽,想要签定盟约,盟约没签成,项羽派蒲将军领兵渡过了漳河上的三户渡口,在漳南屯兵,与秦朝军队交战,再次击溃秦军。项羽带领全军将士在汙水附近进攻秦军,打了一个大胜仗。

章邯派使臣去见项羽,想签盟约。项羽召来军官们商议说:"粮食很少了,想要答应和他们签约。"军官们

都说:"很好。"项羽于是和章邯在坦水南边的殷朝故都的遗址附近签订了盟约。签订过盟约后,章邯拜见了项羽,痛哭流涕,向项羽说了自己被赵高逼得走投无路的事。项羽于是就封章邯为雍王,安置在自己大军中。让长史司马欣当了上将,带领原来的秦军作为先锋部队。

二三、身在曹营心在汉

汉献帝建安五年(公元200年)正月,曹操认为刘备是个英雄,现在如果不攻打他,将来等到刘备势力强大了,就很难攻下了,于是便率二十万大军,分兵五路直逼徐州。

刘备闻讯,派人向袁绍求救,袁绍不肯发兵。刘备便与张飞偷袭曹营,结果中了埋伏,兵败逃散。这时候,关羽保护刘备的家眷,死守下邳。曹操心想,关羽武艺高强,令人喜爱,要设法说服他来投降。谋士献策说:"关羽性子刚强,很讲义气,决不肯随便归降,必须使他进退无路,再去游说他,才会有结果。"于是,叫徐州、小沛俘虏来的兵士仍到下邳去投奔关羽,埋伏在城里做内应,并令曹将在城外挑战。

第一章 掸阘

关羽因保护着二位嫂嫂,就按捺住性情,不肯出战。谁知曹军在城外百般辱骂,激怒了关羽,便领三千兵士,提刀上马,出城交战。曹将打一阵,退一阵,一直把关羽诱到城外二十多里的一座土山上。关羽被曹军团团围住,曹操趁势攻破下邳,并派张辽来说服关羽归曹。张辽说:"你和刘备桃园结义,要同生共死。刘备还要做一番事业,决不愿意你今天战死。他把家眷托付给你,你死了叫谁照顾?依我说,不如降了曹丞相,慢慢打听刘备的下落,有了消息,再去寻他。"关羽思考了片刻,提出三个条件:一、只降汉朝,不降曹操;二、把刘备的俸禄赡养他的家眷;三、一旦知道刘备的下落,就要出去寻他。张辽听了,全都答应了他。于是关羽暂屈曹营,但他仍非常怀念刘备。曹操看到关羽绿锦战袍旧了,就派人做了一件新的送他。关羽却把旧袍罩在新袍上,说:"旧袍是兄长刘备所赐,见了旧袍就好像见到了他。"曹操见关羽的马瘦弱,就把当年吕布骑的赤兔马送他。关羽大喜过望,连忙跪下来,一再称谢。曹操觉得很诧异,问:"区区一匹马,你为何这样重视?"关羽说:"素知此马日行千里,夜行八百。我有了这匹马,只要知道兄长的下落,一天之内,就可以和

他见面。"

后来，关羽知道了刘备的行踪，立即挂印封金，离开许昌，前往投奔，经过五处关隘，斩了六员拦路的曹将，在古城会见张飞，终于重新与刘备相见。

二四、宴席上的吹嘘

何观察何涛奉了济州府的命令，带领五百官兵和众多做公的，气势汹汹地到石碣村捉拿智取生辰纲的晁盖等七人。何观察等人来到石碣村后，晁盖、公孙胜、阮小二、阮小五、阮小七等以过人的智谋、出奇的计策、非凡的勇猛，在芦荡中歼灭了官兵，活捉了何涛。阮小二将捆成粽子似的何涛提上岸来，指着骂道："你这家伙是济州一个诈害百姓的蠹虫！我本想把你碎尸万段，却还要放你回去对那济州府当官的贼驴说，咱们是不好欺负的！何况你一个小小州尹，就是蔡京亲自来，我也要搠他三二十个透明的窟窿。我们放你回去，告诉你那个鸟官人，教他不要讨死！"阮小七喝道："众兵卒都完蛋了，留下你的两个耳朵做证明！"阮小七于是拔出尖刀，把何观察的两个耳朵割下来，鲜血淋漓，然后就放何涛回去了。于是何涛立刻如丧家之犬，夹着尾巴溜跑了。

好汉们打了胜仗，离开石碣村，直奔梁山泊而来。来到李家道口朱贵酒店，吴用将投梁山泊之事与朱贵说了，朱贵大喜。朱贵一面叫酒保安排酒食，招待众人；一面用响箭射向对岸，通报寨里。

第二天，晁盖、公孙胜等上山去，王伦领着一班头领出关迎接。晁盖、公孙胜等入寨之后，"山寨里宰了两头黄牛，十只羊，五头猪，大吹大擂筵席"，以示欢迎。

二五、公孙龙的炫耀

"我们镇阳地方，有两个小孩，一个叫东里，另一个叫左伯。有一天，他们来到渤海边玩耍，刚玩了一会儿，忽然一群大鹏飞来，在海面上翱翔。东里急忙纵身下海去捉，伸手就逮住一只。渤海那样深的水才没到他腿。东里回头寻找装鹏的东西，于是顺手扯过左伯的头巾包起来。左伯大怒，和东里打了很长的时间。东里的母亲来拉东里回家，左伯不罢休，抓起太行山打去，误

中了东里的母亲，东里母亲的一只眼因此而看不清楚，于是她用指甲从眼窝里把太行山抠出来随手向西北方向。因此太行山从中断开了，弹出的那块石头，就是今天的北岳恒山，先生可能也见过吧！"

公孙龙听了坐立不安，垂头丧气，慌忙溜走了。他的弟子嘲笑说"嘻嘻，先生一向喜欢夸夸其谈，向别人炫耀，这一回活该受窘。"

二六、徐有贞助英宗复位

景泰八年（公元 1457 年）正月，景帝身体不适。石亨、张辄等人商量前去迎回英宗皇帝，并将这个打算告诉了太常许彬。许彬说："此举乃是不世之功业。我已老了，不中用。徐元王善于出奇策，请与他筹划。"石亨连夜到了徐有贞家。徐有贞听完了石亨的打算以后很高兴，他说："须让南城上皇知道你的意图。"石亨说："已私下里告诉他们了。"命太监曹吉祥等人入宫告诉太后。辛巳夜，所有人会集在徐有贞家。徐有贞登上房顶观察天象，匆忙下来说道："时机到了，千万不要失时。"当时正好有边军报警，徐有贞令张辄声张军情

第一章　捭阖

紧急,应加强守备,率领士兵进入皇宫大内。石亨手持钥匙,当夜四鼓一响,打开长安门让他们进入,张辄只一人,立即关闭所有宫门,以防外面兵丁闯入。当时天色幽黑,石亨、张辄都很恐惧,对徐有贞说:"事情这样做能有用吗?"徐有贞说道此举必有大用,并催他们前往。一行人到达南城,由于大门紧锁,只好翻墙而入。见太上皇明英宗一人挑灯出来寻问他们原因时,徐有贞等人跪在地上请求他登基复位,于是呼唤士兵送来御用车辇,兵士们都惊得无法抬稳,徐有贞等人协助他们抬着车辇而行。顿时天空星月重现,太上皇逐一讯问了这些人的姓名。行至东华门,守门的卫兵拒绝他们进入,太上皇说:"朕乃是太上皇帝,,于是往回走,太上皇登上奉天门,徐有贞等人相与庆贺,山呼万岁。

景帝第二天上朝,发现群臣毫无踪影,忽听殿内呼声大作、正在惊愕之时,忽见各门洞开,徐有贞出来命令诸臣说:"太上皇帝已经复位了。"催他们前来朝贺,当天太上皇命徐有贞兼任学上,进入内阁,参与机密政务。第二天又加授他兵部尚书。徐有贞对石亨说:"我希望能得封爵人册于你后面。石亨为他在英宗面前请求,于是封徐有贞为武功伯兼华盖殿大学士,掌管文渊

阁事情,赐给他奉天翊位推诚宣力守正文臣的名号,给俸禄一千一百石,世袭锦衣卫指挥使,并发给浩券。徐有贞于是诬陷少保于谦、大学士王文,将他们斩首。内阁大臣被罢斥殆尽,英宗对他也全部言听计从。

二七、苏模棱处事

唐朝有个叫苏味道的人,学识渊博,九岁的时候就会写诗作赋。他考中进士以后,被朝廷调到京城长安做官。由于他学识渊博,文章又写的好,因而官职升得很快,不久便当上了凤阁侍郎。可是没料到他竟吃了官司,被捉下狱。

苏味道被关押在监狱中,有一次武则天看见他独自一人坐在地上吃饭,觉得他挺可怜的,就放他出狱,让他到集州去当刺史。几年之后,朝廷又召他回来,任何他做天官侍郎,接着又恢复他凤阁侍郎的官位。然而不久他又被人弹劾,于是朝廷将他贬为坊州刺史。

苏味道经过这一番折腾,心中非常苦闷,做起事来也不用心了。下官找他审理案件,他总是用手摸着床棱,好长时间不说"是",也不说"不是",没有一个

第一章 捭阖

明确的态度。时间长了,人们便给他起了一个绰号:"模棱手"。有人干脆叫他"苏模棱",连姓名也忘了。

很多人不能理解苏味道的这种处事态度,又不便询问,只好在一旁叹息。有一次,一位老朋友向他提起了这件事情,苏味道感慨地说:"你哪里知道啊,这是我大半辈子的痛苦经验决定事情不要说得太明白,那样如果错了必然要遭到人家指责,后悔也来不及啦。但是模棱以持两端就可以避免其祸了。"

苏味道在五十八岁那年,又被朝廷复升为益州长史。可是他还没有到任,就死在半路上了。

二八、曹彬的夸耀

开宝七年(公元974年),宋太祖准备攻取江南,九月,曹彬奉太祖之命与李汉琼、田钦柞先期到达荆南调遣战舰,接着潘美率领步兵跟进。十月,太祖下诏任命曹彬为升州西南路行营马步军战掉都部署。曹彬分兵由荆南顺流而东,攻破峡口砦,进占池州,连续攻克当涂、芜湖二县,在采石矶驻扎。十一月,联结战舰作浮桥,横跨大江以运送部队。十二月,在白鹭洲大败南唐

国的军队。

八年（公元975年）正月，曹彬又在新林港击败敌军，二月，宋军进驻秦淮，南唐国十余万部队齐集城下，展开会战，宋军大胜，杀死并俘虏敌军数万人。等战舰联结而成，敌军出城抵抗，在白鹭洲又被击败。从三月到八月，宋军连败敌人，并攻占了润州。金陵被包围起来，以至于这年春、夏、秋三季，路上看不到一个居民和樵夫。在连吃败仗之后，南唐后主李煜深感危机，派遣大臣徐铉捧着表章来到宋官，请求退兵，太祖根本不予阅看。在此之前，宋军排列为三个营寨，潘美守卫的营寨位置过于偏北。曹彬把驻扎情况绘成图纸报呈太祖，太祖阅视图纸后，指着北寨对使者说："敌人肯定会夜间出兵来攻此寨，你赶快回去告诉曹彬，迅速挖掘深沟来加强防守，不要中了敌人的诡计。"深沟挖成后，敌兵果然夜间前来偷袭，潘美率领其部队凭借新沟拒敌，敌兵大败。捷报传来，太祖笑着说："果然是这样！"

在对金陵的长期围困中，曹彬经常暂缓进攻，希望李煜能够归服。十一月，曹彬又派使者晓谕李煜："大势已定，所珍惜的是一城的生灵与积畜，如果能够顺从天命，无疑是最佳上策。"城快被攻破的时候，曹彬忽然称病不理军务，众将都来探视问候，曹彬说："我的病不是药能治好的，只有诸位诚心立誓，在攻占金陵的那一天，决不妄杀一人，那么我的病自然就会好了。"众将答应，一起焚香发誓。第二天，曹彬的病稍有好转。第三天，城被攻陷，李煜率百余名南唐大臣到军营请罪，曹彬予以安慰，用接待客人的礼遇对待他们，并且请李煜入宫准备行装，曹彬派几名骑兵在宫门外等待。身旁的人悄悄对曹彬说："如果李煜入宫后发生不测，怎么办？"曹彬笑答："李煜素来软弱而缺乏决断能力，既然已经投降，一定不会再自杀。"李煜君臣，终于因曹彬而保全。从出兵到凯旋，军官与士兵对曹彬十分畏服，没有一个人敢于放肆。等回朝人见皇帝，只采取"奉旨从江南办事回来了"的说法。曹彬就是这样的谦恭和不居功夸耀。

二九、多行不义必自毙

"多行不义必自毙"意思是说，一个人坏事干多了，一定会自取灭亡。

鬼谷子

此典出自《左传·隐公元年》:"公曰:'多行不义,必自毙。子姑待之!'"

春秋时期,郑国君主郑庄公有个弟弟,名叫共叔段,他深得母亲姜氏的宠爱。姜氏为他向庄公讨封京地,庄公答应了,为此共叔段就在京地修起都城,自己住在那里,人们称他为京城太叔。

共叔段与母亲姜氏一起密谋,想除掉庄公,自立君主。为了积蓄力量,共叔段把京地的都城修筑得很大,并且招来许多人。郑国的大夫祭仲看到这种情况,便告诉了庄公说:"依照先王的制度,大的都城不能超过国城的三分之一,中的都城不能超过国城的五分之一,小的都城不能超过国城的九分之一。因为都城超过了三百方丈,便是国家的隐患。如今京城的都城修筑已经不合法度了,我觉得这对你非常不利。"

庄公很为难地说:"这是母亲姜氏的意愿,我怎样才能避免这种祸害呢?"

祭仲说道:"姜氏哪里会有满足的时候?不如趁早设法不让他滋长蔓延。蔓草尚难除掉,况且是你所宠爱的弟弟呢?"

"他既然多做不义的事情,就一定会自取灭亡。你就等着瞧吧！"庄公没有听祭仲的话。

不久，共叔段把京地西边与北边的百姓，都召过来归他管理。接着又占据了那里的土地。大臣们看到这种形势，都劝庄公早点除掉共叔段，不然就很危险了。庄公还是那句老话："他的行为很不义，一定没有人与他亲近，地方越多越有失败的危险，将来他必定会吃苦头的。"

共叔段胆子越来越大，他修好了城墙以后，又扩大了军队，制造了兵器，准备进攻郑国的都城。姜氏也秘密与他策划，作为内应，企图一举获胜。

可是共叔段与姜氏的计谋，庄公都看在眼里了。他得到了共叔段叛乱的消息以后，便下令攻打京地，他派二百乘兵车包围了京城，京城内部的士兵也反叛过来，袭击共叔段。共叔段遭到惨败，只得逃之夭夭。

三〇、画蛇添足

此典出自《战国策·齐策二》："楚有祠者，赐者舍人卮酒。舍人相谓曰：'数人饮之不足，一人饮之有余；请画地为蛇，先成者饮酒。'一人蛇先成，引酒且

饮之；乃左手持卮，右手画蛇，曰：'吾能为之足。'未成，一人之蛇成，夺其卮曰：'蛇固无足，子安能为之足！'遂饮其酒。"

典故"画蛇添足"出自《战国策·齐策二》。意思是画好了蛇却给添上脚，比喻多此一举，白费功夫；或比喻做事节外生枝，不但无益，反而坏事。

楚怀王六年，也就是公元前323年，楚王派大将昭阳率军进攻魏国。昭阳大败魏军，并夺取了魏国八座城池。昭阳打败魏军后，踌躇满志，又移兵东进，准备攻打齐国。齐宣王得到了这个消息后，急得团团转，一时不知该怎样来应付这一突发事件。

这时，一位大臣禀告齐宣王说，秦国的使者陈轸正在齐国，据说陈轸很有口才，不如请他去游说昭阳退兵。

陈轸也不愿看到楚国的势力过于强大，便答应了齐宣王的要求，去楚营见楚将昭阳。

昭阳久闻陈轸大名，连忙热情接待。陈轸先对昭阳取得的胜利表示祝贺，然后话锋一转，问道："将军立下如此之大的功劳，不知回国能封什么官职？"昭阳得意洋洋地说："楚王答应封我为上卿。"陈轸又问：

第一章 捭阖

"贵国还有什么官位比上卿更高的吗?"昭阳回答说:"那只有令尹这个位置了。"当时,楚国宰相的官位称令尹。陈轸叹了口气说:"可楚王不会设两个令尹呀!"

昭阳听出陈轸话中有弦外之音,一时又琢磨不透,便请陈轸指点。

陈轸说:"我给将军讲个'画蛇添足'的故事吧,或许将军能从中悟出道理。楚国有个富翁,一天在祭祀仪式结束后,赏给几个仆人一壶美酒,这几个人仆人商量起来:'几个人喝一壶酒,不过瘾;要是一个人喝,那才痛快!我们不妨比赛画蛇,谁先画完,谁就喝这壶酒。'于是,他们每人折了一根树枝,开始在地上画了起来。其中有个人很快就画完了,拿过酒来准备喝。可他还想卖弄一下自己的本领,说:'我还能给蛇添上脚。'于是,左手拿杯,右手继续画蛇脚。这时,另一个仆人也画完了蛇,就一把抢过酒壶,说:'蛇本来就没有脚,你怎么能给它画上脚呢?'画蛇脚的仆人自知理亏,只好眼睁睁地看着对方把酒喝光了。"

陈轸讲完这个故事,单刀直入地对昭阳说:"将军

鬼谷子

大败魏军,夺得八座城池,功不可没,可以官至上卿。但将军自恃实力雄厚,又要攻打齐国,我看这就是'画蛇添足'了。因为,就算你打胜了,回国后仍然是上卿,楚王不会设两个令尹的职位;而如果你打败了,功名利禄会随之荡然无存,说不定楚王还会处死你。这不是'画蛇添足'了吗?"

昭阳听后恍然大悟,立即停止进兵伐齐,返回楚国。

三一、人微权轻

此典出自《史记·司马穰苴列传》:"穰苴曰:'臣素卑贱,君擢之闾伍之中,加之大夫之上,士卒未附,百姓不信,人微权轻,愿得君之宠臣,国之所尊,以监军,乃可。'于是景公许之,使庄贾往。"

上面这段文字就是成语"人微权轻"的典源。说的是春秋时期的一段故事。

齐景公执政时,齐国遭受到晋、燕两国的攻击。齐军连吃败仗,丢失了大片土地。齐景公毫无办法,赶紧找相国晏婴商量。晏婴说:"齐军所以连遭败绩,

第一章　捭阖

是因为缺少一位得力的将领。"齐景公深有同感，连问朝中哪位将军能够领兵退敌？晏婴想了想说："我看田穰苴文能服众，武能威敌，可以担此重任。"当时，田穰苴不过是一名下级军吏，齐景公并不知道他。于是立即派人把田穰苴找来，齐景公当面问了他一些作战知识，用兵谋略，田穰苴回答得头头是道。齐景公十分高兴，立即命他为将军，领兵开赴前线迎击晋、燕两国军队。

田穰苴拜谢了齐景公，但提出了一个请求。说："我一向地位卑微，您把我从卒伍之间一下子提拔到大夫之上，恐怕士卒不听我的，百官不信我的，这是因为人微权轻。因此，我请求君王派一位您所信赖的，地位又很尊贵的大臣，做我的监军，才好率军出征。"

"好啊，那容易啊。就派我的爱臣庄贾去一趟吧！"齐景公当即批准了田穰苴的请求。

穰苴辞别齐景公，又与庄贾商议，决定第二天午时在军门会合出发。

第二天清早，穰苴带领军队来到军门，整齐列队，等候庄贾。他命令侍从官在地上立下计算时间的"表"和"漏"。庄贾是齐景公的宠臣，一向狂妄骄横，平时

 鬼谷子

把谁都不放在眼里。这次随军出征,亲朋好友摆酒送行,他得意忘形,喝到日头眼看就要偏西了,还没有离开家门。穰苴全身披挂,站在全军前头,看看时辰已过,命令侍从官放倒"表",倒掉"漏"中的水,宣布说庄贾大人失约了。

一直到傍晚时分,庄贾才大模大样地来到军门。他刚从车上迈下来,穰苴便迎上去,问道:"庄大人为何来迟?"

"哈哈,亲朋饯行,挽留些时候……"

"做将军的,从受命之日起,就应忘掉家庭,军人到了军营就应忘掉亲朋,战士听见战鼓就应忘掉自己。眼下敌军入侵,国内动荡,士兵战死在边疆,君王寝不安席,食不甘味,百姓的性命都系在我和你的身上,你怎么能为酒宴而违犯军法"

庄贾毫不在意地说:"别危言耸听了,你才当了几天统帅呀!"

穰苴正言厉色地喝道:"军正,约定时间而迟到者,按军法该如何处置?"

负责执行军法的军正响亮地回答:"当斩!"

两名武士立即上来把庄贾捆绑了。庄贾的随从看到

第一章 捭阖

情况不妙，骑马赶回宫廷报信。可还没等报信人回来，穰苴已经下令把庄贾斩首了。

一会儿，齐景公派廷卫官，带着"赦贾"的命令飞马赶来，直接闯入军中。可还没等廷卫官开口，穰苴又问："军正，纵马驰入军营，该受什么处罚？"

"当斩！"

当时把廷卫官吓了个半死。穰苴说："你是齐王的使者，不可以杀。我看就把你车上左边的马杀了，代替你伏法吧。"

这样一来，真可以说是三军为之震动。将士们个个奋勇杀敌，不久就击退了晋、燕两国的军队，收回了失地。穰苴凯旋时，齐景公亲率百官到郊外迎接，并提升他为掌管全国军队的大司马。也许是这段典故给后人留下的印象太深，久而久之，人们把穰苴的田姓忘记了，直接用司马官衔称谓他，这样，田穰苴就演变成了司马穰苴。

成语"人微权轻"就是由此而来，后人常用它来说明资历名望浅、权威不足以服众。这句成语后来又演变成"人微言轻"。意思也就转变为地位低的人，言论、主张不受人重视。

鬼谷子

三二、一言九鼎

成语"一言九鼎"的典源,来自《史记·平原君虞卿列传》。意思是:平原君与楚国签订了联合抗秦的条约后,回到赵国对人说,毛遂一到楚国,一席话使赵国的地位一下子重要起来,毛遂的辩才真是胜过一百万军队啊。九鼎、大吕都是古代国家的宝器,后来人们就把起决定作用的言论称为"一言九鼎"。

战国后期,秦国出兵围攻赵国的都城邯郸,赵国国小难以抵抗,决定派平原君赵胜前往楚国搬救兵。赵胜这个人平时礼贤下士,门下收养了数千宾客(也称作食客),赵胜决定从门下选二十名文武兼备的宾客一同前往。他选来选去,只选中了十九名。这时,毛遂自告奋勇地站出来,要求与平原君同行。赵胜问毛遂:"先生你到我门下几年了?"毛遂答:"三年。"赵胜说:"我听说有能力的人,生活在世上,就像锥子放在布袋里一样,很快就会显示出来。先生来了三年,周围的人没有提起,我也闻所未闻,可见先生没有什么特殊的地方,先生还是留下吧。"毛遂说:"那我今天就请你把我放进

第一章 捭阖

布袋里,如果你早把我放进布袋,我早就脱颖而出了,问题是你过去没有把我放进布袋而已。"赵胜觉得毛遂说得有道理,就同意带他前往楚国。以上也就是成语"毛遂自荐"和"脱颖而出"的典源。

平原君赵胜到了楚国,拜见了楚王,陈述赵楚两国联合抗秦的利害关系,从早上说到中午,楚王就是不表态。赵胜的十九个宾客公推毛遂出面劝说楚王。毛遂按剑跨步上前先对赵胜说:"说明一件事的利害,有几句话就够了,今天说了这么久,还不能决定,到底为什么?"楚王见状就问:"他是谁?"赵胜答:"是我的门客。"楚王大声斥责道:"还不快退下,我与你的主人议事,哪轮得到你说话!"毛遂按剑挺胸说道:"大王你所以斥责我,是凭借楚国地广人多,但现在您和我相距仅十步之遥,楚国再大也帮不了你,大王的性命就在毛遂的手里,你还有什么威风可抖呢?楚国是大国,方圆五千里,军队有百万,却在以往与秦国的交战中三战皆败,有辱您楚王的先人,这是世代的怨仇,赵国都为你感到羞耻,而大王你却无动于衷。联合抗秦,说到底是为楚国而不是为赵国啊!"一席话说得楚王羞愧难当,又为毛遂的勇气和胆略所慑服,连声说道:"先生说得

鬼谷子

对,说得对,为了楚国的长久安定,我愿听从先生之言。"毛遂接着问:"条约可以订了吗?"楚王回答:"当然。"于是,楚王与平原君当场歃血为盟。平原君终于完成了使命,回到赵国后,他感慨地说出了文首的那段话。

后来,楚国的援兵迅速赶到赵国,秦国慑于楚赵两国的联合,退兵返回函谷关,邯郸之围终于解除。毛遂的一席话,挽救了一个国家,真可谓"一言九鼎"。

第一章 捭阖

捭阖第三

即欲捭之,贵周①,即欲阖之,贵密②。周密之贵微③,而与道相追④。捭之者,料其情也;阖之者,结其诚也⑤。皆见其权衡轻重,乃为之度数,圣人因而为之虑。其不中权衡度数,圣人因而自为之虑。

故捭者,或捭而出之,而捭而内之⑥;阖者,或阖而取之,或捭而去之⑦。捭阖者,天地之道。捭阖者,以变动阴阳,四时开闭,以化万物⑧。纵横⑨反出、反覆⑩反忤,必由此矣。

【注释】

①即欲捭之,贵周:周,不遗漏。要行动时,必须做周密的考虑。

②即欲阖之,贵密:探求实情,综合思考,贵在缜密。

③周密之贵微,而与道相追:周密,指思维方式,贵微指表述方式。

④追:推移。

⑤捭之者,料其情也;阖之者,结其诚也:既要研之,料度对方的情感反应;又要阖之,稳定对方的思想情绪。"捭"与"阖",指分化与拉拢。

⑥故捭者,或捭而出之,而捭而内之:出,释放。纳:吸收。此句意谓,同样是"捭",可以是思想信息的释放,也可以是思想信息的吸收。

⑦阖者,或阖而取之,或捭而去之:取,探取。去,摒弃,此句意谓,同样是"阖",可作思想信息的探取,也可作思想信息的摒弃。

⑧以化万物:就像春夏秋冬,万物均存在变化一样。

⑨纵横:自由自在的变化。

⑩反覆:或离反或复旧。

【译文】

要想开启,贵在考虑周详。想要闭藏,贵在隐秘。

第一章　捭阖

要想周密贵在不能忽略微小的事情，而合乎道之理。用开启的方法就是要了解对方的情况。用闭藏的方法就是争取到对方的诚心。要观察对方，权衡轻重，对谋略加以审度和评判，圣人为此而有所考虑。

那些不能认可而达于一致的，圣人就按自己的考虑去做。对于开启，有的开启之后辞退，有的开启之后接纳；对于关闭，有的用关闭方法收留，有的用关闭方法加以排除。所谓开启与关闭，都是天地自然运行的道理。开启与关闭因变化而使阴阳二气产生变动。按照四季的开启与闭合来化育万物。不论纵横、反复都必须由开启闭合而产生。开启闭合是道的最高表现形式。如果想使说辞变化多端，必须事先详细观察对方的变化，一切吉凶大事都与此有关联。

【感悟】

要想对一个人有所了解，就要以周详隐秘的方式采用捭阖的方法，或捭之，或阖之，进而掌握这个人的爱好、性情和思想，然后以此确定对这个人是否进行联合或排斥，以及采取怎样的策略。

 鬼谷子

【故事】

一、商汤的助手

商汤灭亡夏朝后,建立商朝,伊尹是商汤的得力助手。

伊尹名挚,原是商汤家里的奴隶,在厨房里干活。为了让商汤知道自己是个有本领的人,伊尹经常找机会接近商汤。有时候他把菜做得很可口,有时候却故意做得过咸或过淡,招惹商汤找他问话,并利用这机会,用做菜打比方,他对商汤说:"做菜不能太咸,也不能太淡,只有把佐料放得恰到好处,菜吃起来才有味道。治理国家也是如此,既不能操之过急,也不能松弛懈怠,只有恰到好处,才能把事事情办好。"一番话果然说动了商汤的心,商汤发现自己厨房里的这个奴隶是个人才,进而解除了伊尹的奴隶身份,任其为右相。自此,伊尹帮助商汤筹划进攻夏朝的大计,并一举灭亡了夏朝,建立了商朝,可谓功劳显赫。

商朝建立初期,伊尹帮助商汤制订各种典章,规定官吏一定要勤勤恳恳地工作,要做出显著的成绩,否则

第一章 捭阖

要受到严厉的责罚,甚至要罚作奴隶。因此,商朝初期官吏均不敢胡作非为,政治稳定、经济繁荣。商汤死后,伊尹继续辅佐商朝的第二代、第三代君主,帮助他们改正错误,管理好国家。

商汤的孙子太甲继位时,伊尹一连写了三篇文章,教他学习怎样做一个好的君主。然而太甲在位的第三年就已忘乎所以了,他认为自己身为一国之君,一切应服从于他。他任性、跋扈,以暴虐的手段压迫百姓。伊尹见此情形,先是一再规劝,提醒太甲应对自己的行为多加检点,后见太甲毫无收敛之意,遂将他放逐到商汤坟墓所在地桐宫,要他早晚面对祖父商汤的坟墓,聆听守墓老人讲述商汤如何创业的历史以及商汤订下的法律制度,教育太甲应以自己的祖父为榜样,勤俭为本,不要败了家业、国业。太甲渐渐地意识到了自己的所作所为,于是,他首先在桐宫的范围内关心老弱孤寡,尽自己的努力帮助他们。应当做的事情,他立刻去做,不应当做的事情,不仅自己不做,看到别人在做也立刻加以制止。

三年过去了,伊尹的决定终于使这个年轻的君主悔过自新了,于是,伊尹亲自带领文武大臣将太甲接回首

都亳城，并郑重地将政权交付给他。从此，太甲接受教训，终于把天下治理得井井有条，使商朝这个奴隶制国家日益繁荣起来。

伊尹身为奴隶，却聪慧过人，他为自己创造了自荐的机会，得到了一代君王——商汤的信任，得以一展才华。他忠心耿耿地为君王治理和管理国家，制订了一系列奖罚分明的典章制度，提高了君王的威望，巩固了国家的政权。面对太甲的堕落，他巧妙地以其祖先的言行种种及现身说法教育太甲悔过自新，挽救了一代君王。伊尹不愧为一位善于思考、懂得方法艺术的奴隶丞相。

二、武丁求贤

汤王以后经过二十多代，王位传到了武丁手上，这时候的殷国国力大不如前，已经开始走下坡路了。武丁跟他的先祖汤王一样，是个非常贤明的王，从小就留心国家大事。等到武丁继承王位登基以后，更是兢兢业业，日理万机。但是武丁虽然能干，身边却没有得力的大臣辅佐他。因此他常常夜不能寐，心里很忧闷。在他的父亲小乙去世以后，武丁官运亨通孝三年，郁郁寡

第一章 捭阖

欢,连话也懒得说。所以整整三年,武定没有说过一句话。

有一天晚上,武丁忽然做了一个梦,梦里遇到一个人,看样子很像囚徒,身穿一件粗麻布衣服,胳膊上套着一条很粗的绳索,他的背有点驼,正弯腰低头吃力地干活。武丁恍恍忽忽觉得心里动,于是走上前去跟他说话,那个驼背的人抬起头来,武丁觉得这个人的眼睛里充满了聪明智慧。再看他的面容,明明不认识,但是武丁却觉得在哪里见过他似的,有一种很熟悉的感觉。朦胧中,武丁觉得那个罪人向他谈了许多有关天下国家的大事,武丁听他侃侃而谈,头头是道,得切合他的心思。正想询问他的名字,却被早朝的钟声吵醒了。

武丁上朝以后,把梦里遇见的那个人画在木板上,让群臣复制了许多份,又用书面形式告诉大家,神托梦给他,告诉他这就是他日思夜想所要寻找的贤臣,并命令文武百官四处寻访。过了很久,其中一个大臣寻访到北海的傅岩,找到一个名叫说(音悦)的囚犯,面容打扮跟武丁描述的一模一样,正拿着一把杵在修筑被水冲环的道路。那个大臣高兴得不得了,认定他就是武丁所

 鬼谷子

爱寻找的人，于是连夜用大车把那个囚犯带回去，报告给武丁。

武丁立刻召见那个大臣和他带回来的人，一看，果然就是他梦见的那个人，一高兴，竟然说出话来，这是他自从父亲去世后第一次用嘴巴说话。那个囚犯见了武丁，一点也不害怕，态度从容，镇定自若，谈起国家大事来口若悬河，滔滔不绝，显示出很高深的学问和过人的才识。武丁听了很高兴，当时便对他说："有了你的辅佐，复兴殷国的愿望一定可以实现你就是上天赐给我的大贤啊！"于是立刻任命他做了殷国宰相。因为他是从傅岩来的，人们就称他为傅悦。他住过的那个破洞，后人称为"圣人窟"。

傅悦做了殷国宰相之后，尽心尽力辅佐武丁，他提出了很多非常英明的见解，采取了很多有效的措施，武丁对他几乎言听计从，因而他的那些正确的决定总是被武丁大加赞赏并且全部采纳。很快，殷国的国势就开始强大起来，终于实现了武丁复兴殷国的愿望。

傅悦死后，灵魂化作一颗星，升上了天空。在箕星和尾星之间有一颗闪发亮的小星，就是傅悦的是魂变的，人们称它为"傅悦星"。

第一章 捭阖

三、忠诚的巨子石碏

宋殇公即位之时，穆公之子公子冯出奔郑国。郑国准备送他回国。等到州吁自立为君，打算向郑国报复前代国君结下的怨仇。以此达到讨好诸侯、团结国内人民的目的。州吁派出使臣到宋国说："君王您如攻打郑国，您就是盟主，敝国将倾全力以赴，陈国、蔡国也会跟从，这实在是敝国的奢望。"宋国答应了。此时陈、蔡二国正与卫国很亲密，因此宋公、陈侯、蔡人、卫人联合伐郑，包围了郑都的东门，五天以后才解围而去。

鲁隐公向鲁大夫祭仲询问说："州吁会得势吗？"祭仲答道："下里只听说要通过修德团结百姓，没听说用祸乱的。以祸乱治国只会治丝益棼。州吁是个仗传武力而安于残忍的人，穷兵黩武就会失去民众，安于残忍，则不会有人亲附。众叛亲离难以成功。行武事就象烧火，如不加敛止就会危及自身。州吁弑君而立，又残酷地役使百姓，不致力于积德行善，却想通过祸乱成事，自己也就一定不能幸免于灾祸了。"

这一年秋天，诸侯联军再度伐郑。宋殇公使人向鲁国求援，鲁隐公与以拒绝。羽父请求出师会合联军，隐

鬼谷子

公开始不同意,羽父坚决请求终于出兵。所以《春秋》上载,"翚帅师"含有憎恶的意思。诸侯联军击败郑国步军,掠取了当地的谷子才罢师回国。

州吁不得民心,石碏之子石厚向乃父问起稳固君位的办法。石碏说:"朝觐天子就可取得合法地位。"石厚说;"怎么才能朝觐呢?"石碏说:"陈桓公现在正受到周王的宠幸。陈、卫此时又正是亲善之国,如果朝见陈桓公,一定可以达到目的。"于是石厚随州吁亚陈。石碏派人告诉陈国说。"卫国是个小国,我也已年迈不中用了。这两个人确实弑杀了我国国君,请马上设法对付。"陈国拘捕了二人,请卫国派人来陈国处置他们。鲁隐公四年(公元前718年)九月,卫国派右宰丑杀州吁于濮地,石碏也派他的管家孺羊肩在陈国杀死了石厚。

君子说:"石碏真是个忠诚的巨子,憎恶州吁,也牵连上了石厚。'大义灭亲'说的就是这种情况吧!"

四、管仲相助齐桓公

春秋时期,社会动荡不安,各诸侯国不断进行战争,争夺霸权。齐国是当时东方一个大国,齐桓公继位

第一章 捭阖

后,任用管仲为相,辅佐齐桓公成就了霸业。提起管仲和齐桓公,这里面还有个"一箭之仇"的故事呢!

公元前685年,齐襄公被杀。他有两个兄弟,公子纠(当时在鲁国,今山东曲阜)和公子小白(当时在莒国,今山东莒县)。两个人身边都有个师傅,公子纠的师傅叫管仲,公子小白的师傅叫鲍叔牙。两个公子听到齐襄公被杀的消息,都急着要回齐国争夺君位。

在公子小白回齐国的路上,管仲早就派好人马拦截他。管仲一箭射中小白铜制衣带钩,小白假装倒地而死。管仲以为小白已经死了,就不慌不忙护送公子纠回到齐国去。怎知公子小白是诈死,等到公子纠和管仲进入齐国国境,小白和鲍叔牙早已抄小道抢先回到了国都临淄,小白当上了齐国国君,即齐桓公。

齐桓公继位后,便想"发兵攻鲁,心欲杀管仲",以报一箭之仇。他准备请鲍叔牙出任齐相。鲍叔牙却向他推荐管仲:"欲霸业,非管夷吾不可","管仲有五点比我强:宽以从政,惠以爱民;治理江山,权术安稳;取信于民,深得民心;制订礼仪,风化天下;整治军队,勇敢善战。"齐桓公听从了鲍叔牙的建议,毅然摒弃前嫌,拜管仲为相。

 鬼谷子

齐桓公问管仲,"我想使国家富强、社稷安定,要从什么地方做起呢?"

管仲回答说:"必须先得民心。"

"怎样才能得民心呢?"齐桓公接着问。

管仲回答说:"要得民心,应当先从爱惜百姓做起;国君能够爱惜百姓,百姓就自然愿意为国家出力。而爱惜百姓就得先使百姓富足,百姓富足而后国家得到治理,那是不言而喻的道理。通常讲安定的国家常富,混乱的国家常贫,就是这个道理。"

这时齐桓公又问:"百姓已经富足安乐,兵甲不足又该怎么办呢?"

管仲说:"兵在精不在多,兵的战斗力要强,士气必须旺盛。士气旺盛,这样的军队还怕训练不好吗?

齐桓公又问:"士兵训练好了,如果财力不足,又怎么办呢?"

管仲回答说:"要开发山林、开发盐业、铁业、发展渔业,以此增加财源。发展商业,取天下物产,互相交易,从中收税。这样财力自然就增多了。军队的开支难道不就可以解决了吗?"

经过这番讨论,齐桓公十分兴奋,就问:"兵强、

第一章 捭阖

民足、国富,就可以争霸天下了吧?"

但管仲严肃地回答说:"不要急,还不可以。争霸天下是件大事,切不可轻举妄动。当前迫切的任务是百姓休养生息,让国家富强,社会安定,不然很难实现称霸目的。"

管仲为相后果真不同凡响,对内,他实行了一系列富国强兵之策,使齐国国力骤增;对外打着"尊王攘夷"的口号,组织齐、鲁等八国,讨伐不向周王进贡的蔡、楚两国,另一方面又帮助燕、卫等国反击少数民族的进攻,终于使齐国成为众诸侯国的领袖。故《史记》云:"齐桓公以霸,九合诸侯,一匡天下,管仲之谋也。"

齐桓公弃一箭之私仇,任用管仲为相,管仲报知遇之恩,辅佐齐桓公图霸,真乃贤相遇明君,明君逢贤相,君臣知遇,相得益彰!齐桓公重用管仲,的确是惟才是举的千古师表。

人与人相处,难免有冲撞、过节、恩怨,最重要的是忘记过去,不计前嫌。如果你与别人闹了点别扭,就寻机报仇,给他小鞋穿,想怎么收拾他,其实,你不是在给别人难堪,而是在给自己制造麻烦。你打击了别

人,别人如果同样怀恨在心的话,到最后受伤的还是你自己。做人要宽容大度,宰相肚里能撑船,惟有宽容的人才能成就大事业。

五、韩起郑国聘问

晋国的韩起到郑国聘问,郑伯设享礼招待他。子产告诫大家说:"如果在朝廷的享礼上有一个席位,不要发生不恭敬的事!"孔张后到,站在客人中间,主管典礼的人挡住他;走到客人后边,主管典礼的人又挡住他;他只好去到悬挂的乐器间呆着。客人因此而笑他。事情结束,富子劝谏说:"对待大国的人,是不可以不慎重的。难道说被他们笑话了他们会不欺负我们?我们都能做到有礼,那些人还会看不起我们。国家没有礼仪,怎么能求得光荣?孔张没有站到应该站的位置上,这是您的耻辱。"子产发怒说:"指示不恰当,号令没信用,刑罚偏颇不平,诉讼放任混乱,朝会时失去礼仪,命令没有人听从,招致大国的欺负,使百姓疲惫而没有功劳,罪过来到而还不知道,这是我的耻辱。孔张,是国君哥哥的孙子,子孔的后代,执政的继承人,做了嗣

第一章　捭阖

大夫；他接受命令出使，遍及诸侯各国，为国内的人们所尊敬，为诸侯所熟悉。他在朝中有官职在家中有祖庙，接受国家颁给的封邑爵禄，分担战争所需的人力物力，丧事、祭祀有一定的职事，接受和归还祭肉，辅助国君在宗庙里祭祖，已经有了固定的地位。他家在位已经几辈了，世世代代保守自己的家业，现在忘记了他应该处的地位，我怎能为之感到羞耻？不正派的人把一切都归罪于我这个执政者，等于先王没有刑罚。你还是用别的事情来纠正我。"

　　韩起有一副玉环，其中的一个在郑国的商人手里。韩起通过郑伯去索要，子产不给，说："这不是公家府库中保管的器物，寡君不知道。"子大叔、子羽对子产说："韩子也没有太多的要求，对晋国也不能三心二意。晋国和韩子都是不能轻慢的。如果正好有坏人在两国中间挑拨，鬼神如果再帮着坏人，以兴起他们的凶心怒气，后悔哪里还来得及？您为什么为爱惜一个玉，而去惹大国的讨厌呢？为什么不去找来给他？"子产说："我不是轻慢晋国而有三心二意，而是要始终事奉他们，所以才不给他，这是为了忠实和守信用的缘故。我听说君子不是怕没有财物，而是怕没有美好的名声。我又听说治理国

家不是怕不能事奉大国、抚养小国,而是怕没有礼仪来安定他的地位。大国的人给小国下命令而都得到一切要求,将要用什么来源源不断地供给他们?一次给了,一次不给,所得的罪过更大。大国的要求,如果不依礼驳斥,他们哪里会有什么满足?我们要是成为他们边境的城市,那就失去了作为一个国家的地位了。如果韩子奉命出使而求取玉环,他的贪婪邪恶就太过分了,这难道不是罪过吗?拿出一只玉环而引起两种罪过,我们又失去了国家的地位,韩子成为贪婪,哪里用得着这样?而且我们因为玉环而换来罪过,不也是太犯不上吗?"

韩起向商人购买玉环,已经成交了。商人说:"一定要告诉君大夫!"韩起向子产请求说:"前些时候起请求得到这只玉环,执政认为不合于道义,所以不敢再次请求。现在在商人那里购买,商人说:'一定要把这件事情报告',谨敢以此作为请求。"子产回答说:"从前我们先君桓公和商人们都是从周朝迁居出来的,并肩协作来清除这块土地,砍去野草杂木,一起居住在这里;世世代代都有盟誓,用以互相信赖。誓辞说:'你不要背叛我,我不要强买你的东西,不要乞求,不要掠夺。你有赚钱的买卖和宝贵的货物,我也不加过问。'仗着

第一章 捭阖

这个有信守的盟誓,未免不可以吧!如果得到玉环而失去诸侯,那您一定是不干的。如果大国有命令,要我们没完没了地供应,那就是把郑国当成了边境的城市,我们也是不干的。倘如果献上玉环,真不知道有什么好处。谨敢私下向您布达、"韩起就把玉环退了回去,说:"我虽然不聪明,岂敢求取玉环以求得两项罪过?谨请把它退回去。"

夏四月,郑国的六卿为韩起在郊外饯行。韩起说:"请几位大臣都赋诗一首,我也可以了解郑国的意图。"于蠚赋野有蔓草。韩起说:"孺子好啊!我有希望了。"子产赋郑国的羔裘。韩起说;"我是不敢当的。"子太叔赋褰裳。韩起说:"有我在这里,岂敢劳动您去事奉别人?"子大叔拜谢。韩起说:"好啊,您说起了这个!要不是有这回事,恐怕不能善始善终地友好下去吧!"子游赋风雨。子旗赋有女同车。子柳赋蘀兮。韩起很高兴,说:"郑国差不多要强盛了吧!几位大臣用国君的名义赏赐我,所赋的诗不出郑国之外,都是表示友好的。几位大臣都是传到几世的大夫,可以因此而不再有所畏惧了。"韩起对他们都奉献马匹,而且赋了我将。子产拜谢,又让其他五位卿也都拜谢,说:"您安定动

乱,岂敢不拜谢恩德!"

韩起用玉和马私下拜见子产,说:"您命令起舍弃那个玉环,这是赐给了我金玉之言而免我一死,岂敢不借此薄礼而拜谢?"

六、齐桓公用人之道

齐桓公为了称霸天下,广求天下贤士辅佐。卫国人宁戚听到这个消息也想投奔桓公以施展自己的才华,但他家里贫困,苦于没人举荐自己。最后他心生一计,于是就替卫国商人赶着货车来到齐国。他们赶到齐国国都时,已经是傍晚,只好露宿在城门的外面。

这一天,齐桓公正好在郊外迎接宾客,夜里打开城门,让装载货物的车子让开。迎宾队伍中的随从很多,火把也很明亮。这时,宁戚正在车下喂牛,远远地望见了齐桓公,悲从中来,于是就敲着牛角大声地唱起歌来。

齐桓公听到了歌声,细细品味歌词,说:"真是与众不同啊!这个唱歌的人绝对不是一个凡夫俗子!"说罢便下令把宁戚带回去。

齐桓公回到宫中后,侍从们请示桓公如何安置宁

第一章 捭阖

戚。齐桓公赐给他衣服帽子,随即召见了他。宁戚见到桓公后便用如何治理国家的话劝说他,桓公非常满意。

第二天,齐桓公再次召见了宁戚。这一次,宁戚又用如何治理天下的话劝说桓公,桓公听了以后更加高兴,准备任用他担任要职。

大臣们听到这个消息后,纷纷劝谏道:"宁戚是卫国人,我们对他的底细还不是很了解。大王还是先核实一下,如果他确实是个贤德之人,再任用他也不晚。"

齐桓公笑着摇了摇头,说:"不必了。用人而疑之,这正是君主失去天下杰出人才的原因。"

最后,齐桓公没有听从大臣的意见,对宁戚委以了重任。

齐桓公任用管仲进行改革,使齐国国力迅速富强,成为春秋的第一位霸主。他为了表现自己广集贤士的决心,在宫廷前燃起明亮的火炬,准备日夜接待各地前来晋见的人才。虽然他求贤若渴,但是,不知什么原因,火炬整整烧了一年,都没有人上门求见。一时间齐桓公一筹莫展。

有一天,京城东郊来了一个乡下人要求晋见齐桓公,声称自己有九九算术口诀的才能。齐桓公听说后觉

得很可笑,于是派传令官告诉他:"九九算术乃是末流小技,也配拿来见君主吗?你还是赶紧回去吧!"

乡下人回答:"我远道而来,是专门来为国王解决难题的。我听说宫前火炬燃了一年也没有人上门,这是因为国王是个雄才大略的君主,各地人才都自以为比不上他,怕在国王面前献丑被人讥笑,所以就不敢登门了。我的九九算术的确是微不足道的小技术,但国王如果能以礼待我,还怕那些有真才实学的能人不来吗?泰山所以高耸是因为它不排斥每一块小石头,江海所以深广是因为它积聚了每一条小溪流。《诗经》中说过,古代的英明君王有事都去请教砍柴打草的农夫,只有这样才能集思广益。国王是一代明君,必定能礼贤下士。"

桓公听罢心悦诚服,连连点头表示赞许,立即以隆重的礼节接待了这个乡下人。果然不出一个月,四方闲人都纷纷前来了。

七、齐国贤相晏子

春秋时期齐国的相国晏子是一位正直勇敢、不畏、廉洁奉公的贤相。

第一章 捭阖

晏子为相,把齐国治理得非常好,然而一位堂堂的相国,家里却很穷。一天,晏子刚坐下来吃饭,齐景公派来找他商量国事的使臣到了。晏子听说使臣还没吃饭,就把自己的饭分一半给他吃,结果,使臣没吃饱,晏子也没吃饱。使臣回去就把这个情况告诉齐景公,景公很吃惊,说:"相国家里这样穷,我一直不知道,这是我的过错。"马上派人送去一千两黄金和一千石粮食,晏子说什么也不收,送了三次都被晏子谢绝了。

又过了几天,晏子乘车上朝,半路上碰到齐景公出城。齐景公让人停车,叫过晏子说:"相国,你怎么乘这么破旧的车啊?你的钱不够用吧?你回家等着吧,我马上派人给你送一辆新车。"还没等晏子回答,刘景公的车子就走了。晏子退朝回家时,远远地看见一辆新车停在家门口,他知道是景公送来的,就吩咐仆人小心看护好。第二天天刚亮,马上派人把车送了回去。随后,亲自去向齐景公道谢。齐景公见晏子又把车送了回来,很不高兴,便对晏子说:"相国要是不接受这辆车,今后我也不再乘车了。"

晏子说:"我怎么能和您比呢?您派我管理百官,

鬼谷子

我应该廉洁奉公,这样才能给百官做好榜样。如果您乘华丽的车子,我也乘华丽的车子。您驾车的马高大健美,我驾车的马也高大健美,百官要是都跟着学,我怎样去管教他们呢?"

景公虽然不高兴,可又奈何不了他,便说:"你说的不错,可你的日子并不富裕啊,您连吃饭都困难哪!"

晏子笑着说:"谢谢您的关心,我的生活一点也不困难,您赏赐我的财物,不但我用,家人也都沾了光,您给我的还少吗?我听说,从君主那里得到很多财物,要是送给别人,那是瞒着君主,讨好别人,忠正的大臣是不干这种事的;要是自己得到很多财物,而不送给别人,储藏起来供自己挥霍享受,有道德的人是不会这样干的,我要那么多财物干什么呢?"

景公说:"您说的好像也对,可是您恐怕也知道,我们先君桓公很有作为,远近的诸侯谁不佩服他啊!他的相国管仲,是个很了不起的人才,辅助桓公建立了霸业,谁不赞扬他啊!桓公把很大一块地赏赐给管仲,他并没有拒绝,他是那样了不起的人物,都这样做,您为什么偏偏拒绝不要呢?"

晏子站起来十分恭敬地说:"智者千虑,必有一失;

第一章 摔阄

愚者千虑,必有一得,圣贤也不见得事事正确。我想,你说的这件事,恐怕就是管仲想得不周全,而臣下偶然相对的地方吧?所以,我坚持这样做。"

朝廷上的文武大臣听了晏子和齐景公的对话,都十分敬佩晏子的品德。

晏婴继父任为卿(执政的高级长官)时,已是齐灵公末年。当时的齐国早已不是管仲为相时的齐桓公时代,中原霸主的地位早已易位,国势也日渐衰微。偏偏这齐灵公又昏庸怪僻,懦弱无能,还穷兵黩武,屡犯鲁境,弄得国弱兵疲,百姓怨声载道。尽管晏婴屡进忠言,却很少被齐灵公采纳。周灵王十七年(公元前555年)十月,晋国率领诸侯的军队攻打齐国。齐灵公率兵在平阴(齐地,今山东平阴县东北)抵抗,结果兵败逃亡,第二年就死了。齐灵公死后,齐庄公继位。这齐庄公也是个昏君,他只知崇尚勇力,而不顾道义。他在国内设置了"勇士"爵位,还重用殖绰、郭最等勇士,用以鼓励人们的尚武精神。这样一来,就使得一些流氓无赖、地痞恶霸在朝廷内外肆无忌惮,为所欲为,弄得家家关门,人人自危。身为相国的晏婴眼看着齐国风气日下,朝野上下怨声载道,心急如焚。他曾多次劝说齐庄

公要用勇力来实行礼义，不要靠威强立身，本暴力行事。然而齐庄公就是听不进去。他见齐庄公不是一个从谏如流的人，便辗转反侧，忧心忡忡。

其实，齐庄公即位后首先考虑的，就是怎样对外用兵，建立武功，以提高自己的威望，巩固自己的地位。因此，他对晏婴的劝导，不但不听，反而渐生嫌烦之意。周灵王二十年（公元前552年），齐庄公不听晏婴劝阻，执意收留了晋国的下卿栾盈，还暗中将栾盈及其党徒送入曲沃（河南陕县南曲沃镇）组织叛乱，并乘机攻打晋国。其后不久，又对晏婴的劝阻于不顾，仍然一意孤行，兴兵伐鲁，终于激怒了晋国。晏婴无奈，只好将家中贵重物品上充国库，其余尽散周围百姓，携带妻儿老小到东海之滨的一个小村，一边打鱼和耕田以维持生活，一边密切关注着事态的变化。

周灵王二十四年（公元前548年）五月，当晋国联合众诸侯意欲大举伐齐的时候，齐国朝野上下惊慌万状。正巧在这时，齐庄公和大贵族崔杼的夫人棠姜私通的事，被崔杼知道了。于是，崔杼决定乘机杀死庄公以向晋国解说。这天，齐庄公大摆酒席，招待前来进贡的莒国国君黎比公，叫大臣们前来坐陪。崔杼称病未去；

第一章 捭阖

齐庄公不但未加责怪，反而暗自欢喜，他又能去会见棠姜了。席罢人散，齐庄公以探病为由去崔杼家与棠姜私会，旋即被预先埋伏在宅中的勇土射杀，丢了性命。晏婴听说齐庄公被崔杼所杀，不顾个人安危，毅然带着随从前往齐都去吊唁庄公。晏婴来到崔杼家门前，他身边的下人担心地问他："您将为国君而死吗？"晏婴说："难道是我一个人的国君，我应该为他而死？"手下人又说："那么我们何不逃跑呢？"晏婴说："难道国君的死是我的罪过，我要逃跑？""那么我们还是回去吧？"晏婴说："国君都死了，我回到哪里去呢？作为万民之主，难道只是为了利用他的地位来高跨于百姓之上？应当主持国政，作为君主的臣下，难道只是为了获取俸禄？应当保卫国家！所以君主为国家而死，那么臣下就应该为他而死；君主为国家而逃亡，臣下就应该跟他逃亡。如果君主只是为了自己的私欲而死，为个人的事情而逃亡，不是他宠爱的人，谁敢承担责任，为他而死，为他而逃亡呢？可是我现在又能回到哪里去呢？"说罢，晏婴径自闯进崔家，脱掉帽子，捶胸顿足，不顾一切地扑在齐庄公的尸体上，号啕大哭了一场，然后起身离去；崔杼的左右欲杀掉晏婴，崔杼对晏婴也早已恨之入骨，但转

念一想，对身边的人说："他是百姓所仰望的人，杀了他，我就会失去民心。"

崔杼杀死齐庄公后；便和另一个大贵族庆封一起，立齐庄公的异母兄弟杵臼为国君，这就是齐景公。为了巩固权势；树立威信，他把满朝文武大臣都驱赶到太公庙上，派上千名兵马内外把守，逼迫大家宣誓忠于并服从他。稍有违迕，即被处死。已经杀了七个人，气氛十分恐怖。

轮到晏子了。大家屏住呼吸，目不转睛地注视着晏子。只见晏子从容地端起滴过血的酒杯；义愤填膺地对天悲叹道："可恨！崔杼无道弑君王。凡为虎作伥、助纣为虐者均不得好死！"说罢，便一饮而尽，怒目而向崔杼等人。崔杼恼羞成怒，恶狠狠地用剑顶着晏婴的胸膛，要他重新发誓。晏婴毫不畏惧，厉声回答："不管你是用刀砍头，还是用剑穿胸，我晏婴决不屈服！"崔杼怒火中烧，眼看就要下手。这时，身边的一个心腹悄悄地对他说："千万使不得！您杀庄公，是因为他无道，国人反应不大，您如果杀了晏婴，那可就麻烦了。"崔杼无可奈何，怒视着晏婴离去。

齐景公即位之初，对晏婴并未重用，只是让他去治

第一章 捭阖

理东阿（山东阿城镇）。晏婴一去就是三年，这期间齐景公陆续听到了许多关于晏婴的坏话，因此很不高兴，便把晏婴召来责问，并要罢他的官。晏婴谢罪说："臣已经知道自己的过错了，请再给臣一次机会，让我重新治理东阿，三年后臣保证让您听到赞誉的话。"齐景公同意了。三年后，齐景公果然听到有许多人在说晏婴的好话。景公大悦，决定召见晏婴，重重赏赐他。谁知晏婴却推辞不受，景公好生奇怪，细问其故。晏婴便把两次治理东阿的真相说了出来。

他说："臣三年前治理东阿，尽心竭力，秉公办事，得罪了许多人。臣修桥筑路，努力为百姓多做好事，结果遭到了那些平日里欺压百姓的富绅们的反对；臣判狱断案，不畏豪强，依法办事，又遭到了豪强劣绅的反对；臣表彰和荐举那些节俭、勤劳、孝敬师长和友爱兄弟的人，而惩罚那些懒惰的人，那些不务正业游手好闲之徒自然对我恨之入骨；臣处理外事，送往迎来，即使是朝廷派来的贵官，臣也一定循章办事，决不违礼逢迎，于是又遭到了贵官的反对。甚至臣左右的人向我提出不合法的要求，也会遭到臣的拒绝，这自然也会引起他们的不满。这样一来，这些反对臣的人一齐散布我的

谣言，大王听后自然对臣不满意。而后三年，臣便反其道而行之，那些原来说臣坏话的人，自然开始夸奖臣了。臣以为，前三年治理东阿，大王本应奖励臣，反而要惩罚臣；后三年大王应惩罚臣，结果却要奖励臣，所以臣实在不敢接受。"

齐景公听完晏婴这一番话，才知道晏婴的确是个贤才，而深悔自己以前听信了谗言，错怪了晏婴。于是，齐景公将国政委以晏婴，让他辅佐自己治理齐国。

有一次，齐景公召来晏婴请教如何兴国安邦。他希望有朝一日能够光复先君（指齐桓公）的伟业，重振雄风，晏婴沉吟片刻，说道："臣陪大王微服察访一下民情，回来后再议兴国大计，如何？"这齐景公本来就轻国事而重享乐，好高骛远，华而不实。见晏婴要陪自己微服私访觉得很新鲜，便同意了。君臣二人来到京都临淄的一个闹市，走近了一家鞋店。鞋店里摆放着各种各样的鞋子，品种齐全，但却很少有人问津，生意清淡。景公有些不解，却见不少人都在买假脚。景公吃惊地问店主，店主神色凄然地说："当今国君滥施酷刑，动辄处人以刖刑，很多人被砍去了脚，不买假脚如何生产和生活呢？"景公听罢，心中很不是滋味。回宫的路上，

第一章 捭阖

晏婴见景公闷闷不乐,,知道刚才看到的那一幕对景公刺激不小。于是说道:"先君桓公之所以建树了丰功伟业,是因为他爱恤百姓,廉洁奉公,不为满足欲望而多征赋税,不为修建宫室而乱役百姓;选贤任能,国风清正。君臣戮力同心,才取得了雄视天下的地位。如今大王亲小人,远贤良,百姓…"还未等晏婴讲完,景公打断了晏婴的话,说道:"相国不必说了,寡人已经明白了。寡人也要效法先君,光大宗祠社稷。"

又有一次,晏婴和景公及群臣到故纪国的纪地游览,手下人无意中捡到了一个精美的金壶,送给景公。那金壶的里边还刻着"食鱼无反,勿乘驽马"八个大字。景公看了看,故作聪明地解释道:"吃鱼不吃另一面,是因为讨厌鱼的腥味;骑马不骑劣马,是嫌它不能跑远路。"众人无不随声附和,赞叹景公理解深刻。晏婴在一旁默然良久后说道:"臣觉得这八个字里面包含的是治国的道理。'食鱼无反'是告诫国君不要过分压榨百姓;'勿乘驽马'是告诫国君不要重用那些无德无才的人。"景公有些不服,反问道:"纪国既然有这么好的名言,为什么还亡国了呢?"晏子答道:"臣听说,君子们的主张应该高悬于门上,牢记不忘。纪国却把名言

鬼谷子

放在壶里,不能经常看见,并且对照去做,能不亡国吗?"景公若有所悟;频频点头。并对随从的大臣们说:"大家要记住金壶里的格言。"

八、楚王好细腰

"楚王好细腰"这个故事劝诫人们,只依靠个人的好恶去提倡、宣扬某种事物,往往会造成意想不到的恶果。从下面的人来说,不从实际出发,实事求是,而是逢迎上面的好恶,一味盲从,也不会有好结果。

此典出自《墨子·兼爱中》:"昔者,楚灵王好士细腰。故灵王之臣,皆以一饭为节,胁息然后带,扶墙然后起。比期年,朝有黧黑之色。"

这段话意思是说:从前,楚灵王喜欢纤细的腰身。因此,朝中大臣,都害怕腰肥体胖,失去宠信,所以就不敢多吃饭,把"一日三餐"减为"只吃一餐"。每天起床穿衣服的时候,先要屏住呼吸,然后把腰带束紧。就这样时间长了,一个个饿得头昏眼花,扶住墙壁才能站立起来。

一年之后,满朝文武都成了面黄肌瘦的废物了。

九、定于一尊

"定于一尊"指思想、学术、道德等以一个有最高权威的人做唯一的标准。

此典出自《史记·秦始皇本纪》:"今皇帝并有天下,别黑白而定一尊。"

公元前221年,秦王嬴政统一全国,称为始皇帝。秦始皇统一全国以后,废除了分封制,实行郡县制,把全国分为三十六郡,郡下又设了县。他还统一了法律、度量衡、货币和文字,修建驰道,实现车同轨、书同文。这些举措,对巩固秦王朝中央集权,起了积极的推动作用,在历史上是一大进步,但也遭到了一些守旧的读书人的反对。

公元前213年,秦王朝又增加了四个郡。为了祝贺,在咸阳宫里开了个庆祝会。大臣们都争相向秦始皇敬酒,表示祝贺。大臣称赞秦统一后,所采取的一系列改革措施是自古以来所有君王都没干过的伟大事业。这时,有位叫淳于越的儒生对秦始皇说:周王实行分封制,周朝享受了八百多年的天下。如今皇帝统一天下,但是自己的子弟和功臣连一块土地都没有,这是不行

鬼谷子

的。不论干什么,不把古人当老师最终都会失败的。秦始皇见发生了争吵,就征求其他大臣的意见。丞相李斯说:五帝的事业各不相同,三代的制度也不一样,不能照搬照抄。以前列国散乱,诸侯混战,一些读书人假造圣贤,托古说教,以古否今。如今天下统一,制度统一,举国上下定于一尊,只要注意法令,劝导农民只要专心干活就行了。如果拿古书来对照新法,造谣生事,毁谤朝廷,国家还成何体统。为此,李斯建议,除了秦国的历史和那些有用的书如医药、占卜、种树、法令等外,其余的诗、书、百家言论,都要全部烧毁。

秦始皇听从了李斯的建议,因此发生了历史上著名的焚书坑儒事件。

一〇、仙鹤坐车

"仙鹤坐车"比喻玩物丧志,丧失进取心。

此典出自《史记·卫康叔世家》:"懿公即位,好鹤,淫乐奢侈。九年,翟伐卫,卫懿公欲发兵,兵或畔。大臣言曰:'君好鹤,鹤可令击翟。'于是遂入,杀懿公。"

卫懿公是卫惠公朔的儿子。他在位期间怠误国政,

第一章 掉阄

只知道玩乐,他有个特别的嗜好,就是豢养仙鹤。他把养仙鹤的人都封为大官,那些原来的大官有的反而失去了职位;为了养仙鹤,他向老百姓强索粮食,老百姓饿死冻死,他却无动于衷。公子燬(卫宣公的孙子)眼看这种局面,预料卫国终将灭亡,就投奔齐桓公,住在齐国。卫国人一直都没有忘记急子的委屈,痛恨着卫惠公,谁料到昏君的儿子又是个昏君,于是他们就把希望寄托在贤德的公子燬身上。后来连公子燬也逃跑了,卫国人就更埋怨卫懿公了。有一天,卫懿公载着几车仙鹤出去玩。他的仙鹤也依照地位的高低分出了三六九等,甚至连大夫也得将棚车让给仙鹤坐。那些坐在棚车上的仙鹤叫"鹤将军",卫懿公出游的时候,就有不少"鹤将军"前呼后拥地"保驾",他觉得自己在鹤群中威风八面,而那些仙鹤也就像一队文武百官。这一天,他正玩得兴致勃勃,忽然有人来报告,说:"北狄攻进来了!"这真是太扫兴了,他一面赶着回宫,一面派人去守城,谁知老百姓全都是争先恐后地逃难,士兵们也不拿兵器,不穿铠甲,不去应战。卫懿公问他们:"为什么不去打北狄呢?"他们说:"打北狄也用不着我们,您还是叫将军去吧!"卫懿公说:"哪个将军?"他们冷笑

一声,不屑地说:"当然是鹤将军喽!"这时卫懿公才明白他已失去了民心,懊恼地敲着脑袋,不断地向老百姓道歉,并把仙鹤全放了。可是那些娇生惯养的鹤却赶也赶不走,反而还伸长脖子,拍打着翅膀,频频向卫懿公献殷勤。卫懿公又羞又恼。这些仙鹤,越是在大家跟前炫耀它们美丽的红冠和鲜艳的羽毛,越叫他无地自容,他掐死了一只仙鹤,狠心地把它扔了,表明自己真心悔过的决心,这才勉强召集了一队人马。

卫懿公看见国人惨遭杀戮,他仿佛变了个人似的,奋不顾身地杀敌,可是人数实在太少了,根本抵挡不住如狼似虎的北狄。士兵们请卫懿公先化装潜逃,他坚决拒绝,他说:"我已经愧对国人了,在这紧要关头,如果再贪生怕死,那不是罪上加罪吗?我无论如何要跟狄人拼到底!"结果,卫国全军覆没,卫懿公也被北狄杀了。敌人进了城,来不及逃跑的老百姓几乎都被杀掉了,卫国的府库及民间值钱的东西全被掠夺殆尽。这些来自草原上的北狄,平常只会牧马放羊,不懂得耕种,袭击卫国也只是想抢掠财物,并没有占领地盘的意图。他们为了下次抢劫时方便,竟把卫国的城墙拆毁了。当卫国的使臣到达齐国报信时,北狄早就满载而归了。

第一章 捭阖

一一、羽翼已成

"羽翼已成"比喻左右已有辅佐的人和实力。

此典出自《史记·留侯世家》:"鸿雁高飞,一举千里,羽翻已就,横绝四海。"

汉高祖(刘邦)在没有登基前,和一个姓吕的女子结婚,已生有一个儿子,后来做了皇帝,吕氏被封为皇后(即吕后),儿子被封为赵王。高祖因宠爱戚夫人,早想立赵王为太子,由于大臣们坚决反对,他就没有废除太子。后来吕后用留侯(张良)计,请出了四位年高德重的人来辅助太子。

有一次,高祖宴请大臣,太子在旁伺候,那四位长者也跟从在太子身旁,四位长者都是八十多岁人,发眉浩白,穿戴十分雄伟,高祖觉得奇怪,就询问他们的来历,原来就是他几次请求辅佐他而得不到的。四人向高祖敬酒后便走了。高祖目送他们远去,将戚夫人叫出来,指着四人的背影对她说:"我本想换你的儿子做太子,但这四个人都已出来辅助原来的太子,太子身旁有了这几个人,就等于鸟类的翅膀已长成,很难再变动,

吕后真的是你的主人了。"戚夫人忍不住哭了起来,高祖乃叫她跳楚国的舞蹈,自己接唱道:"鸿鹄高飞,一举千里。羽翮尚安所施!"高祖最终没有更换太子。

一二、炙手可热

"炙手可热"比喻气焰盛,权势大。

此典出自《新唐书·崔铉传》:"郑、杨、段、薛,炙手可热;欲得命通,鲁、绍、瑰、蒙。"

唐代人崔铉,字台硕,起初被举拔为进士,入朝拜为司勋员外郎、翰林学士,升迁为中书舍人、学士承旨。唐武宗会昌三年(公元843年),被拜为中书侍郎,入朝三年就官至宰相。唐宣宗时期,任尚书左仆射,兼门下侍郎,封博陵郡公。

崔铉同郑鲁、杨绍复、段瑰、薛蒙关系很好,共同参与时政,说话很有分量。当时人们评论说:"郑、杨、段、薛这四个人,权势大,气焰盛;要想使自己受到重视,就一定要结交郑鲁、杨绍复、段瑰、薛蒙这四个人。"唐宣宗听到这些议论后,把它记录在屏风之上。

当时,郑鲁任刑部侍郎,崔铉想推荐他做宰相,唐宣宗不答应，任命郑鲁为河南尹。有一天，唐宣宗对崔铉说："郑鲁离开朝廷了，这些事能由你决定吗？"崔铉诚惶诚恐，立即向唐宣宗谢罪。

一三、马夫的罪状

在春秋时期。齐国国君齐景公有一匹最心爱的马，突然得暴病死了，齐景公气得咬牙切齿，暴跳如雷。他把怒气都撒到了马夫身上，立即命令武士把马夫肢解，也就是要把马夫活活扯裂成几块。

正在这时，宰相晏子上朝议事，看到一些拿刀荷棒的武士押着马夫走来。晏子不知道发生了什么事，忙问身边的人，才知道是齐景公要无端定罪杀人，晏子认为这样做会大失人心。

可是，怎样才能制止齐景公这种武断残暴的行为呢？若直言劝说，他可以不听，甚至给你驳回来；当面阻止，他会觉得失了国君的面子而恼怒，马夫仍然难免被杀掉。晏子想了想上前问齐景公：

"有个问题向陛下请教，尧、舜肢解人时，不知从谁身上开始的？"

鬼谷子

齐景公被问得张口结舌。他想:"尧舜是贤明君主,人们世代传颂,从没有肢解过人,怎么还能提到从谁身上开始呢?"又一想,才猛然醒悟过来:这是晏子在用尧舜开导自己。很不高兴地说:"你的话我明白了,肢解人也不应该从我开始。"当即命令把马夫押到监狱里去,不再肢解他了。

晏子心里清楚,齐景公这口气出不来,马夫早早晚晚还得倒霉。晏子便异常严肃地对国君说:"陛下,马夫犯下了死罪,投到监狱而后处死是理所当然。不过,与其让他糊糊涂涂死

掉,不如让他明白自己到底犯了哪些罪,而后,名正言顺地把他杀掉。"

这一说,齐景公那冷若冰霜的脸上挂上一层笑容。

"国君陛下,现在我就把马夫的罪行一一列举出来吧?"

齐景公点头说:"可以"。

晏子一本正经地历数马夫的罪状:"马夫的罪行有三条:马夫把国君的马养死了,这是第一条。死的马又是国君最心爱的马,这是第二条。第三条,马夫让国君因为死了一匹马而杀人,老百姓听说了,都会同情马

夫，怨恨国君，远离国君。这样，举国上下，朝廷内外，都会对国君不满，失望。这不是马夫最严重的罪行吗？完全应该杀掉。"

这哪里是列举马夫的罪状，这分明是在巧妙地指明国君的过错。

刘景公听着，脸上红一阵，白一阵，赶紧打断晏子的话，说：

"你不必再说，马夫确实无罪，我立即把他放了！"

一四、废除刖刑

春秋时期，齐国有一种残酷的刑罚叫"刖刑"，即使犯罪不大，也得要砍断一只脚。齐国的宰相晏子总想说服齐景公，废除这种酷刑。

晏子住在城市里，人声嘈杂。一天，齐景公问他住得怎么样。他说："在那里住很好：百姓心想什么，摸得着；市场行情怎样，看得清。"齐景公很感兴趣，便问他市场上什么最贵，什么最贱。晏子答道："假脚最贵，鞋子最贱。"齐景公不明白其中的原因，晏子告诉他明天上市场一看就明白了。

鬼谷子

第二天,齐景公和晏子微服出城,来到市场上。齐景公见一片繁荣,很是高兴。可令他惊奇的是,卖鞋子的触目皆是,价钱也便宜,买的人却很少;可找遍全市街,也见不到有假脚出卖。晏子找个卖鞋的问,卖鞋的答道:"受刖刑的人很多,假脚一上市,就抢购一空啦"对晏子故作吃惊说:"想不到被砍掉脚的人,竟这样多。再下去,叫谁种粮食,叫谁去打仗呀?"齐景公心里一震。不禁说道:"别刑这刑法,得要马上废除掉!"

晏子心想,一番苦心没有白费,暗暗欢喜。原来他预先关照卖鞋的,这天把所有鞋全摆出来。又叫那些经营假脚的,停止一天买卖哩。

一五、困兽犹斗

此典出自《左传·宣公十二年》:"公曰:'得臣犹在,忧未歇也。困兽犹斗,况国相乎?'"

这段文字的意思是说,处在困境中的野兽,还要拼死挣扎一番,何况一个国家的执政者呢!

这句成语的典源与我们曾经讲过的"退避三舍"、"止戈为武"的典源有一定的联系。由于晋国的几位将

第一章 捭阖

军不听从元帅荀林父的命令，一意孤行非要与楚国军队交战，结果大败而归。荀林父引咎自责，请求判死罪。晋景公已经准备答应了，大夫士贞子却连说不可以，并劝阻说："从前城濮之战时，先是退避三舍，后来打胜了的晋国军队缴获了楚国军队大批辎重，接连三天吃了楚军来不及搬走的粮食，而你的父亲晋文公的脸上还带着愁容。左右的人不理解，问道：'打胜仗应该欢喜您反而忧愁，难道打了败仗应该忧愁的时候反而欢喜吗？'晋文公回答：'得臣还在，不能就此放心啊！一头野兽被困住了，还要挣扎一番，何况像得臣这样的猛将呢'。"晋文公在这里提到的得臣，是指楚国的宰相，城濮之战楚军的统帅成得臣。成得臣有勇有谋，当年晋文公在楚国避难时，两人有所接触，彼此了解对方。酒宴上，晋文公答应楚成王，日后晋楚如果交兵，晋国将退避三舍以报楚王收留之恩。宴席散后，成得臣就劝楚成王杀掉晋文公，断言今后与楚国争天下者必是此人。楚成王却没有听从成得臣，这才有了以后的城濮之战。战后，楚成王一怒之下，逼迫成得臣自杀。这一消息传到晋国，晋文公方才露出了笑容，长出了一口气说："现在算是晋国又胜了一次，而楚国呢，又打了一次败仗。

 鬼谷子

从此楚国两代都兴不起来。"

话说到这里,士贞子话锋一转,对晋景公说:"荀林父是国家的重臣,可以说是敌方畏惧,惟恐他存在的举足轻重的人物。这一仗虽然打败了,但事出有因,责任不全在他,怎么就可以杀死他,做那种让敌国高兴的事呢!"晋景公这才恍然大悟,于是免了荀林父的战败死罪,仍让他领兵戴罪立功,也使得晋国较好地度过了战败的危机。

后来,人们就把晋文公所说的比喻,引申为"困兽犹斗"一句成语,用来形容即使处在最困难的情况下,虽然已经是精疲力竭,也还是要尽力挣扎,起来抵抗。不过,在今天的实际使用中,这句成语常常是贬义,形容那些坏人或坏的集团,在被压制得将要溃灭时,还要作无谓的顽抗。

一六、舌卷齐城

此典出自《史记·淮阴侯列传》:"蒯通说信曰:'郦生一士,伏轼掉三寸之舌,下齐七十余城……'"

《史记·淮阴侯列传》记载的这段话意思是说,谋士蒯通对韩信讲,郦食其凭着三寸不烂之舌,就获取了

第一章 捭阖

齐国七十余座城池。后来，人们就用"舌卷齐城"，或者"掉舌"、"下齐"来形容善于游说，靠游说得胜或取得成功。

郦食其是陈留县高阳乡人，年轻时非常喜好读书，因家境贫困而四处漂泊。由于博览群书，口才出众，非常善辩，为人又很傲气，被时人称为狂人。

刘邦起兵反秦路经高阳，郦食其递上名片求见。刘邦听通报的人说，来求见的人从外貌上看像个儒生，就让人出来转告说："刘邦敬谢先生，现在是军事时期，不见儒生，先生请回吧。"郦食其听后眼一瞪，按着腰上的剑大声喝道："去，我不是什么儒生，我是高阳酒徒。"后来高阳酒徒也成了一句成语，用来指狂放不羁的人。

刘邦也不含糊，当时正坐在床上洗脚，便说："那就让他进来吧。"郦食其进来，只行拱手礼而不跪拜，说："你是想要灭亡秦朝，还是帮助秦朝呢？"刘邦回答："当然是灭亡秦朝。"郦食其说："真要聚集民众组成正义的军队去讨伐无道的秦朝，就不应该用傲慢无礼的态度接见年长的人。"当时郦食其60多岁，刘邦50多岁。刘邦一听这话马上停止洗脚，起身整理衣服，并请郦食其坐在上座，向他道歉。于是郦食其帮刘邦出主

意，降服了陈留县令。后来郦食其就成了刘邦的说客，经常乘着马车，出使各个诸侯国。

汉王三年，也就是公元前203年，刘邦与项羽在荥阳反复争夺，深感兵力不足。郦食其向刘邦献计攻取被称做"粮仓"的敖仓，并自告奋勇，出使齐国，说服齐王田广归顺汉王。当时田广拥有20万军队，占据着幅员千里的齐国，也就是今天的山东省的广大地区。如齐国归顺，不仅减轻了刘邦军事上的压力，也无疑增加了项羽防守上的压力。刘邦听从了郦食其的建议。

郦食其到了齐国对齐王直截了当地说："大王知道天下人心的归向吗？"齐王说："不知道。请教先生。"郦食其说："当然是归向汉王。"随后列举了汉王刘邦的许多得人心的地方，和楚王项羽的失道之处。特别指出：如今汉王已经占有敖仓的粮食，堵塞了成皋的险要，把守着白马渡口，断绝了太行的通道，各路诸侯如不归服就会先被消灭。如果齐王先行归顺汉王，那么齐国的江山就可以保住，否则危亡立即就到了。齐王认为郦食其说得有道理，于是将齐国七十余座城池献给了刘邦。但是他把郦食其留了下来。

后来，韩信发兵攻齐国。齐王田广让郦食其去阻止汉军，郦食其拒绝了。齐王一怒之下杀了他，领兵东逃。

刘邦平定天下后，分封列侯功臣，想到了郦食其。一查，他还有个儿子叫郦疥，多次领兵打仗，但战功尚不足以封侯。念他父亲的缘故，刘邦封郦疥为高梁侯，食邑地为武遂。

一七、多多益善

此典出自《史记·淮阴侯列传》："上（刘邦）问曰：'如我能将几何？'信曰：'陛下不过能将十万。'上曰：'于君何如？'曰：'臣多多而益善耳。'上笑曰：'多多益善，何为为我禽？'"

刘邦与韩信的这段对话的中心意思是：韩信统率军队，越多越好。也就是我们今天所说的"韩信将兵，多多益善"这个典故的由来。

这个典故说的是公元前202年，刘邦消灭了项羽后建立汉王朝，大封功臣。战功卓著的韩信被封在淮北做楚王，成为当时实力最强大的诸侯王。

第二年，有人向刘邦上书，密告韩信谋反。刘邦采纳了身边的谋臣陈平的计策，他假称自己准备巡游云梦

（云梦是当时著名游猎区），要各地诸侯到陈县（今河南的淮阳）相会。韩信不知是计，亲身前往，当场被刘邦下令逮捕。

韩信被押解到洛阳后，刘邦想起他昔日跟自己南征北战，立下了汗马功劳，就下令将韩信免罪释放，贬为淮阴侯。后来，刘邦定都长安，韩信就闲居长安，无所事事。他看到过去曾经是自己部下的周勃、灌婴、樊哙等人，一个个都位居列侯，跟自己平起平坐，很是不服。因此，经常称病不上朝。

刘邦知道韩信心怀不满。一天，刘邦派人把韩信召进宫来，闲谈中，刘邦叫韩信评论一下朝中诸将的才能。韩信就毫不客气地将周勃等人一一评说了一番，几乎没有一个人被他看上眼。刘邦听后，就笑着问韩信："如果我去带兵，你看能带多少人？"刘邦这句话触动了韩信，他不假思索就脱口而出："陛下如果带兵，我看最多不过十万人。"刘邦马上又问："那你能带多少呢？"韩信说："臣带兵是多多益善。"刘邦一听，不禁放声大笑，说："你既然带兵多多益善，远胜于我，为什么反而被我擒住呢？"韩信自知失言，忙说："陛下虽然不善于带兵，但是善于带将，这是臣所以被陛下生擒的原因。"

这次谈话,结果当然是不欢而散。韩信高傲的性格和流露出来的不满情绪,更加深了君臣之间的隔阂。

公元前 197 年,赵相国阳夏侯陈希起兵谋反,刘邦亲率大军前去讨伐。韩信想乘机在长安发动兵变,谁知还未动手,就被人告发。皇后吕雉和留守后方的丞相萧何用计把韩信骗进宫中,当场逮捕,并在长乐宫密室将其处死。

后人用一句成语概括了韩信的一生,叫"成也萧何,败也萧何"。早年,韩信投奔刘邦,一时不受重用,曾弃刘而走。是萧何月下追韩信,并说服刘邦,将韩信封为大将。楚汉相争期间,韩信统率汉军,所向无敌,没想到一世英雄,竟落了个晚节不保。

一八、泰山鸿毛

此典出自司马迁《报任少卿书》:"人固有一死,或重于泰山,或轻于鸿毛,用之所趋异也。"

这段文字出自司马迁的一封信,这段话的意思是:人谁都免不了一死,但是有的死比泰山还重,有的死比

 鬼谷子

鸿雁毛还轻。它这里面包含着非常深刻的人生哲理。

司马迁是西汉太史令司马谈的儿子，大约出生在公元前145年或135年，而何时去世，至今还没有一个准确的记载。

公元前110年，司马迁的父亲临终嘱咐他，要他继承太史令的事业，写出一部完整的通史。

公元前108年，司马迁做了太史令后，便开始在皇宫的皇家藏书楼检索图书。司马迁这个人特别勤奋刻苦，每天早出晚归，在一堆堆的木简和绢书中查阅和整理历史资料。经过四五年时间的整理和考证，他便开始构思，动手写《太史公书》。《太史公书》就是我们今天所说的《史记》。

就在司马迁日夜埋头写《太史公书》的时候，朝廷出了一件事。

西汉名将李广的孙子李陵率五千精兵出击匈奴，结果寡不敌众，李陵被俘后投降了。汉武帝为了这件事十分愤怒，他身边的大臣们也都把责任推到了李陵身上。汉武帝征求司马迁的意见时，司马迁认为李陵作战勇敢，以五千人打败了匈奴几万骑兵，最后是在寡不敌众、粮尽援绝的情况下才败降的，所以，不应该治罪。

第一章 捭阖

汉武帝因司马迁为李陵说情，非常生气，就下令将司马迁处以"腐刑"，就是我们今天所说的"阉割"。

汉武帝为了利用司马迁的才华，任命司马迁为中书令，而这个职务原来一直是由太监担任的。司马迁为了完成《史记》的撰写，忍受了侮辱和迫害，身心都受到了极大的摧残。

司马迁受刑后，老朋友任安曾写信劝他，司马迁一直没有给他回信。后来，他听说任安也因故被下了大狱，这才复信。这封信就是著名的《报任少卿书》。在信中，司马迁回顾了自己的遭遇，表示自己所以蒙受耻辱后还顽强地活着，就是为了实现自己的愿望。

"泰山鸿毛"就出于这封信中。司马迁在这句话的自勉下，经过了十三年的寒来暑往，最终完成了我国第一部完整的纪传体通史——《史记》。

两千多年过去了，尽管人们还不时地引用"泰山鸿毛"这个典故，但从没有人能够像毛泽东那样推陈出新地把这个典故引申到一支军队的建军宗旨上来。

1945年9月5日，中央警卫团下属的副队长张思德在烧窑时不幸牺牲。毛主席得到这个消息后，沉思良久，指示要给张思德同志开一个隆重的追悼会。就是在

这次追悼会上,毛主席作了影响深远的著名演讲《为人民服务》。在文中毛主席这样写道:"我们的共产党和共产党所领导的八路军、新四军,是革命的队伍。我们这个队伍完全是为着解放人民的,是彻底地为人民的利益工作的……人总是要死的,但死的意义有不同。中国古时候有个文学家叫做司马迁的说过:'人固有一死,或重于泰山,或轻于鸿毛。'为人民利益而死,就比泰山还重;替法西斯卖力,替剥削人民和压迫人民的人去死,就比鸿毛还轻。张思德同志是为人民利益而死的,他的死是比泰山还要重的。"

毛主席的这次演讲,对进一步加强团结,增强每一个革命者的责任感,克服困难,全心全意为人民服务,具有重要的指导意义。

博通古今,喜欢引经据典,又常常推陈出新的毛泽东,对这个成语的引用,可以说是空前绝后的。

一九、誉人自贤

这则寓言说明丑恶思想总是要寻找各种时机、利用各种借口表现出来的。誉人自贤,是自我吹嘘的一种巧妙办法。

此典出自《雪涛谐史》。

世上有一个假借称誉别人而标榜自己的人，人们嘲笑他说："有一个人自己以为妻子非常漂亮，却不直接说明妻子的漂亮，每次见了人总说：'我家的小姨子，真是天下的绝代美人，和我妻子站在一起，就不再能分辨出谁是大姨谁是小姨了！'"

二〇、坐山观虎斗

"坐山观虎斗"比喻观看别人争斗，虽不介入，却希望事后得利。

此典出自《战国策·秦策二》。

战国时，韩国和魏国之间不断发起战争。秦惠王想帮韩国，于是征求楚国使臣陈轸的意见。陈轸说："你听说过卞庄子刺虎的故事吗？卞庄子要上山去刺虎，他的仆人劝他不要立即行动，说'现在两只老虎正在吃牛，必然会引起争夺，而互相打起来，打的结果必然是大虎伤、小虎死，到那个时候，你再去刺伤虎，不但不用费太多力气，而且一下子可以得到两只虎。'卞庄子

 鬼谷子

认为有理,于是坐在山上观看两只老虎争斗,果然一死一伤。卞庄子杀了受伤的那只老虎,将两只虎都背回来了。现在韩、魏两国互斗,你为什么不学卞庄子呢?"秦惠王听后大喜,果然"坐山观虎斗",结果大国受伤,小国灭亡。秦国乘机灭了大国,把韩、魏两国归并入秦国的版图。

二一、刮目相看的孙权

三国时期,吴国名将吕蒙,字子明,汝南富陂(今安徽阜南东南)人。他15岁从军,跟着姐夫邓当,追随"小霸王"孙策南征北战。邓当死后,他接替姐夫领兵,由于治军严谨,屡建奇功,在辅佐孙策的弟弟孙权的过程中,征伐黄祖,参加赤壁大战,拒曹攻皖,战功卓著,深得孙权的赏识。先后任别部司马、横野中郎将、虎威将军。行伍出身的吕蒙,最初文化水平很低,每次陈述军情,常常口授其词,由他人记录后,作为上奏的文书。为此,孙权曾劝他说:"你如今已经做了将军,不能不读书学习。"吕蒙却不以为然,常以军务繁忙为托辞。孙权说:"我并不是让你成为满腹经纶的饱

第一章 捭阖

学之士,你再忙还能比我忙吗?我坚持读书,很有收获。"吕蒙这才听从了孙权的劝告,开始利用戎马倥偬的间隙发奋读书。数年后,接替死后的周瑜到陆口,也就是今天的湖北省嘉鱼陆溪口,领兵的鲁肃在赴任时路过吕蒙的军营。鲁肃出身士族,内心有些轻视吕蒙,曾想一过了之。有人劝谏鲁肃:"吕将军功名日益显著,不能用老眼光看待他,您应该去拜访他。"

于是鲁肃来到吕蒙的军营。酒喝到尽兴的时候,吕蒙问鲁肃:"您肩负国家重任,与占据荆州的关羽邻近,将采用什么计策谋略,以防备预料不到的事情呢?"鲁肃随口便答:"看情形随机应变。"吕蒙严肃地说:"现在吴蜀虽然联盟,而关羽占据荆州,总是吴国心腹之患,计策怎能不预先设定呢?"接着他给鲁肃提出了五条计策,鲁肃听后大惊,随即恭敬地走下席位,走近吕蒙,轻拍着吕蒙的肩说:"吕子明,我不知道您的谋略竟达到这样高的水平,你再也不是原来那个有勇无谋的阿蒙了。"吕蒙笑着回答说:"分别二天,就应该重新认识,这有什么大惊小怪的呢?"

建安二十二年,也就是公元 217 年,鲁肃病死,临终向孙权举荐吕蒙,接替自己到陆口就任都督。吕

蒙果然不负众望,三年后,用计袭取了荆州,逼得关羽败走麦城。吕蒙一生对吴国最主要的贡献,就是策划和主持了夺回荆州的战役,为吴国政权的稳定奠定了坚实的基础。而这是与他勤于读书,发奋学习,从而胆识大增,谋略出奇,密不可分的。通过学习,吕蒙的人格也有提高,他关心部属,善待俘虏,举荐不计私怨,深受部下拥戴,这才有了袭取荆州的胜利,并被封为孱侯。但不久旧病复发,不治而死,死时年仅42岁。临终前,吕蒙嘱咐家人,将所有的赏赐全部上缴国家,丧事务必简单节约。孙权后来多次提到此事,深感钦佩。

二二、负重而致远

公元210年,三国东吴大都督周瑜在巴陵病死后,他的生前好友庞统十分悲痛,亲自赶到吴郡去送葬。庞统是湖北襄阳人,生于公元179年,他是三国时刘备的谋士,人称"凤雏先生",建安十九年,也就是公元214年中箭阵亡。庞统博学多才,与诸葛亮齐名,史称"卧龙凤雏"。当时,吴蜀联盟,两家的关系还不错。因

第一章 捭阖

此,庞统一到东吴,很多名士就慕名前来拜访。这中间有东吴的大将陆绩、顾劭、全琮等人,很快他们便成了知交。庞统参加完葬礼后,就要回蜀国,大家赶来与庞统话别。他们在一起谈古论今,谈得十分投机。庞统善于识人,酒过三巡后,他便开始评论身边的几位朋友。他说,陆绩好比是一匹脚力很快的马,有超逸的才能;顾劭好比是一头吃苦耐劳的牛,能够负重致远;他又指着全琮说全琮虽然智力差些,也是当代一个人才。事后有人问:"庞统,在先生的心目中,是不是认为陆绩的才能胜过顾劭?"庞统并不直接回答,只是说:"马儿虽好,只能运载一个人;驮着重担的牛,它运载的岂止是一个人的重量。"

陆绩、顾劭等人都得到了孙权的器重,这几个人也曾向孙权推荐庞统,可是孙权不赏识庞统,后来庞统成了刘备的主要谋士,刘备待他仅次于诸葛亮,请他俩共同担任军师中郎将,辅佐自己争雄天下。

今天,这个典故一般指能够担负重任的人。朝鲜战争爆发后,党中央和毛主席决定抗美援朝,保家卫国。在选谁挂帅出征时,毛主席点到了彭德怀,决定让彭德怀执掌帅印。彭德怀果然"负重致远",指挥志愿军跨

过鸭绿江，经过五次战役，终于把以美国为首的侵朝"联合国"军赶过了"三八线"。

二三、英雄无用武之地

东汉末年，曹操、刘备、孙权之间激烈地进行争夺天下的斗争。开始时，刘备的力量比较弱小，被曹操追得东躲西藏，先后依附过多人。后来投靠刘表，原想暂居荆州，再图发展。建安十三年，也就是公元208年，刘表病死，曹操率大军向荆州压来，刘表的第二个儿子刘琮慌忙出降，荆州落入了曹操之手，刘备不得不退守夏口，也就是今天的湖北省武汉市的汉口。曹操想除掉刘备，进而扫平江南，点马、步、水军十三万，对外号称一百万，水陆并进，沿着长江，浩浩荡荡地进兵。

面对这一严峻态势，刘备的军师诸葛亮清醒地认识到，只有联合孙权的力量才能抵御曹军，便向刘备请求出使东吴。此时，孙权正屯兵柴桑（今江西九江），面对曹操大军咄咄逼来，是战是和一时拿不定主意。而他手下的大臣，以老臣张昭为首，极力主张降曹，主和派

第一章 捭阖

的势力远远大于主战派。

诸葛亮看出,孙权虽犹豫不决,但性格好胜,内心有割据东南,废汉自立,建立帝王大业的志向,便决定用激将法来坚定他"联刘抗曹"的决心。诸葛亮面见孙权后,首先指明形势的严重性,说:"眼下曹操已经削平了北方的割据势力,消灭了袁绍、平定了乌桓,又乘胜攻下荆州,威震四海。天下的英雄豪杰被逼得连用武的地方都没有了。刘备兵败已经逃到夏口,将军您也该估计一下自己的力量,考虑下一步的打算了。"看见孙权沉默不语,诸葛亮故意激他说:"如果你能与曹操抗衡,就趁早与他一刀两断;如果你惧怕曹军,干脆放下武器投降算了。现在你表面上顺从曹操,内心里又不服气,情况如此紧急,又不做出决断,恐怕大祸就要临头了。"孙权反问:"照你的说法,为什么你的主公刘备不投降曹操呢?"诸葛亮回答:"我的主公是当世英雄,人人佩服,目前只是时运不济,但他是绝不会向曹操屈服的。"孙权一听这话,明明是指自己比不上刘备,脸上变了颜色。诸葛亮见目的已经达到,话锋一转说:"其实曹军也没有什么可怕的,远途奔袭,粮草容易不济;北方军队,不习水战,不服水土,实际可用之兵并不像

曹操吹嘘的那么多；加上荆州和江南百姓恨透了曹操，东吴又据有长江天险，可谓占尽天时、地利、人和，只要与刘备联合，形成鼎足三分局面，还愁阻挡不住曹操吗？"一席话说得孙权转怒为喜。当即表示联合刘备，举兵抗曹。这以后，就有了著名的赤壁大战。

诸葛亮游说孙权，包括《三国演义》中记载的，在此前舌战群儒，驳斥以张昭为代表的主和派，此后计激主战派首领周瑜，都是历史上军事外交的经典范例。正是有了这一成功的外交活动，才使得一代豪杰有了施展自己军事才华的广阔舞台，无数英雄有了用武之地。

二四、投笔从戎的班固

班固在写《汉书》时，曾被人诬告下狱，班超勇敢地去面见明帝，为兄争辩。明帝十分赞赏班超的勇气和才学，不仅释放了班固，还对班超留下了很深的印象。从此，班家从扶风平陵迁到洛阳，班固以校书郎身份修史，班超在家替人抄书挣钱，孝侍寡母。

在班超的心目中，有两个人他一直很敬慕。一个叫

第一章　捭阖

傅介子，是前汉北地人，在元帝时奉命出使西域，刺杀楼兰王平定西域，被封为义阳侯；另一个人就是张骞，汉武帝时通西域成功，被封为博望侯。日复一日的抄书工作使得班超心有不甘。有一次，他把笔往笔架上一放，说："大丈夫怎能总在笔砚之间徘徊，而无志略，应该像傅介子、张骞那样，弃文就武，异域建功。"

不久，明帝偶见班固，想起其弟班超，便问："卿弟现在哪里？"班固如实相告。明帝就召班超当了兰台令史，这是一个掌管文书、劾奏及官印的小官。没干多久，上司觉得班超爱讲西域立功一类的话题，认为他不安心工作，就把班超给辞退了。

永平十六年，也就是公元73年，奉车都尉窦固奉命出击匈奴，觉得班超是个人才，便任他为假司马。班超与匈奴首战伊吾，伊吾就是今天的巴里坤湖，大胜而还。窦固发现班超很有军事才能，便派他带领36人出使西域各国，直到永元十四年，即公元102年，班超才回到京师洛阳，被和帝拜为射声校尉。班超终年71岁。

班超立志投笔从戎，出使西域30多年，使50多国臣服，功勋卓著，确实令人肃然起敬。

鬼谷子

二五、拓拔焘任用魏钊

魏钊知识渊博,长于辩驳,文武双全,才能出众,在梁、楚、淮、泗等州一带非常出名。

拓拔焘南伐的时候,召他一起讨论军国大计,谈过之后,拓拔焘深为他的才华折服,对魏钊说:"现在我这次南代,正是你建功立业的大好时机,你要努力,不用担心享受不了荣华富贵"。任命他为内都直,经常陪侍左右。大军到淮南,一座城池也没攻下来。魏剑便说:"陛下率百万大军,席卷而过,攻城略地,所向披靡,敌人再有本领,也没有全身之计。但是我们屯驻淮水之南已经好多天,义阳等城守军还在死守,这并不是因为他们不怕城池被攻破,认为可以坚持下去,而是因为他们看到陛下的军队悍勇异常,又到处抢掠烧杀,心中极为恐惧。害怕城池一旦被攻破,就会全被杀死,所以现在仍在负隅顽抗。我建议陛下派人潜入城内,会见城中豪门,宣传陛下仁慈的胸怀,表示您的诚信,这样他们必然会纷纷出城投降,那时节陛下再从其中挑选比较杰出的加以任用,这样别的州郡可不动一兵一卒,自

己来投降。"拓拔焘大喜,说:"我召见你,也就是为了听你的高见。你说的和我想的不谋而合。"魏刞趁夜潜入城中,向豪门大户说明了形势,并指明了保全身家性命的办法。城中老老少少都很欣喜。第二天就大开城门投降了。从此以后,各城守军均望风投诚。拓拔焘对魏刞说:"先生一句话,胜过十万大军。使我的信义传布到天下的是先生您一个人的功劳!"使任命他为义阳太守、陵江将军。又命魏刞与诸将统兵打仗,战无不胜,将士们也都敬重他的勇气和胆略。拓技焘更为高兴,对大臣们说:"我曾任用了大量的中原士人,但论其文才武功、胆气谋略,没人能比过魏刞。"

二六、以人为鉴定的标准

魏征(公元580～643年),唐代曲城人,字玄成。少年时代曾出家为道士。在隋末农民大起义中,跟随李密投靠了李世民,官至谏议大夫、秘书监,敢于直谏,唐太宗李世民对他非常器重。

贞观十七年(公元643年),魏征得了重病,唐太宗派遣使者慰问并赏赐药品,往来不绝。又派中郎将李

鬼谷子

安俨住在魏家,随时向皇上报告魏征的病况,唐太宗又亲自前去探望。正月十七日那天,魏征去世了,唐太宗命令九品以上的官员都去吊丧,赏给羽盖鼓吹,恩准陪葬昭陵。魏征的妻子裴氏说:"魏征一生节俭朴素,如今用一品官的仪仗为他举行葬礼,这不是死者的心愿。"她婉言谢绝了,而用布篷车载运棺柩去埋葬。唐太宗登上禁苑的西楼,望着灵车痛哭。他亲自起草碑文,并亲笔写在石碑上。

　　唐太宗经常思念魏征。一次,他临朝时,叹息地说:"人们用铜做镜子,可以用来穿好衣服,戴正帽子;用古史做镜子,可以从中看到盛衰的道理;用人当镜子,可以知道自己的长处和短处。我曾经决心保存这三面镜子,严格要求自己,不要出现过失。如今魏征去世,我失去一面镜子了。听到魏征去世的消息后,我派人赶到他的家里,得到魏征写的一封书信,刚写了一半草底,能够辨认出来的话有:'天下之事,有善有恶,任用善人则国家安定,任用恶人则国家衰落。君主对待公卿大臣,有的喜欢,有的嫌恶。恨谁就只看到他的过错,爱谁就只看到他的长处,这是非常危险的。爱谁、恨谁,爱什么,恨什么;怎样才算爱,怎样才算恨等问

第一章 捭阖

题,君主要慎重地正确处理。如果能在爱的同时知道他的短处,在恨的同时知道他的长处,铲除邪恶不动摇,任用贤才不猜疑,国家就可以兴旺发达了。'我仔细思考、回顾,觉得要做到这一点很难,恐怕会在这个方面出现失误。因此,我请众卿把魏征的临终嘱托写在自己参加朝会时所执的手板上,以防止遗忘了,看到我有什么过失,一定要不客气地进谏。"

二七、忽必烈赞铁连

至元初年,宗王海都反叛,朝廷中商议想要征讨海都,元世祖忽必烈说:"看在宗室的情份,我只能用思德来让海都归附,挑选一个做事严谨能够胜任大事的人去出使海都的领地。"左右的人认为铁连合适,于是忽必烈召见铁连,当谈到大事。铁连回答得全都符合忽必烈的意思。忽必烈称赞铁连聪明善辩,说:"这件事非你去做不可,但是你一定先要到拔都后王蒙哥铁木王处,和他们商量后再去海都处。"忽必烈让两个人作铁连的副手。

铁连接受命令后,想要直接到海都的领地,察看那

里的情况,然后再到诸王处和诸王商议。两个副手不听从铁连的想法,他们说:"皇上命令我们先和诸王商议,现在匆忙去敌人的境内。不行。"铁连说:"我亲自接受了秘密旨意,你们敢违抗就该处死。"两个副手害怕了,就跟随铁连一起去了。到了海都的领地以后,海都每天召集宗族亲戚设宴喝酒,要等铁连说话出现错误时就把他杀害。铁连察觉到这个意图,于是就大声指斥他们说:"将要吃饭,不要说话!你们想等我说错了话,就把它捡拾起来作为罪名吗!"过了很长时间,海都说:"痛快!"当酒喝到一半的时候,铁连要衣服来助酒兴,海都赞赏铁连强有力的辩解,要解下身上穿的衣服给铁连,海都的妃子制止了海都的做法,把两套皮衣给了铁连。于是海都对他的部下说:"做使者就应该象铁连这样。"海都赠送给铁连丰厚的礼物,让铁连走了。

铁连来到拔都后王蒙哥铁木王处以后,把来的意图详细地告诉给拔都后王蒙哥铁木王,拔都后王蒙哥铁木王说:"祖宗有教诲,对反叛的人,人人都可以诛杀他。如果和他和好他不听从,动用军队攻打他。我立即就响应并率军进攻,消灭他就容易了。"铁连出使回来后,把出使的经过详细地做了汇报,于是就对忽必烈说:

第一章 捍阖

"海都的军队人数多而且战斗力强,我们不应该和海都连战。海都来进犯。我军就坚守营垒等待,海都离开后也不要去追,我们防守得很坚固后,就无忧无虑了。"

忽必烈非常赞同铁连的说法。下令在海都送给铁连的皮衣上,全部装饰上金子,说凡是有朝会,就应该穿上以表示有功劳。又赏给了铁连无数财物。

捭阖第四

捭阖者,道之大化,说之变①也;必豫审其变化,吉凶大命系焉。

口者,心之门户也;心者,神之主也。志意、喜欲、思虑、智谋,此皆由门户出入,故关之矣捭阖,制之以出入。

捭之者,开也、言也、阳也;阖之者,闭也,默也、阴也。阴阳其和,终始其义②。故言"长生"、"安乐"、"富贵"、"尊荣"、"显名"、"爱好"、"财利"、"得意"、"喜欲",为阳,曰"始"。故言"死亡"、"忧患"、"贫贱"、"苦辱"、"弃损"、"亡利"、"失意"、"有害"、"刑戮"、"诛罚",为阴③,曰"终"。

诸言④法阳之类者,皆曰"始",言善以始其事⑤;

诸言⑥法阴之类者，皆曰"终"，恶以终其谋⑦。

【注释】

①道之大化，说之变：大化，变化。"说之变"，指游说原则并主张灵活灵活运动。

②终始其义：指始终保持的义理，即善始善终。

③阴：指矫正性说服，已然使之止为终。

④诸言：各种言论。

⑤言善以始其事：讲对方外部的有利条件，内部的积极因素，鼓动对方开始新的行动。

⑥诸言：各种言论。

⑦恶以终其谋：讲对方外部的不利条件，内部的消极因素，终于对方的谋虑。

【译文】

开启闭合是道的最高表现形式。如果想使说辞变化多端，必须事先详细观察对方的变化，一切吉凶大事都与此有关联。

口是心的门户，心是神的主宰。意志、情欲、思虑、智谋都是由口出入，所以用捭阖之术封住口，控制它的出入。

所谓"捭之"，就是开启、言说，是公开的，属阳

谋；所谓"阖之"，就是闭藏、缄默，是不公开的，属阴谋。阴阳配合得好，事情的开始和结果才能处理得当，恰到好处。所以说，长生、安乐、富贵、尊荣、显名、爱好、财利、得意、喜欲等是阳气，称为"始"；死亡、忧患、贫贱、苦辱、弃损、毁坏、失意、亡利、有害、刑戮、诛罚等是阴气，称为"终"。

凡是那些顺承阳气的人，叫做"始"，他们以谈论"善"来作为事情的开端。凡是那些效法阴气的人，全称为"终"，他们以谈论"恶"来作为谋略的结束。

【感悟】

俗话说："病由口入，祸从口出。"言从口出，言为心声。要想把好"口关"，防备祸从口出，必先把好"心关"。要想把好心关，只有加强自己的涵养，加深自己的城府，凡事三思而后行，免招不必要的祸殃。

【故事】

一、嫘祖劝诫黄帝

草长鹰飞，白昼永长。

黄帝在陕北待腻了，率领族人向中原迁徙，途中遇

第一章 捭阖

上了嫘。

嫘（念雷）小姐正抱着一个陶瓶去井里汲水，这个瓶子是古代高科技产品：尖口尖底，中间硕大，像枣核形状。把它用绳吊进井里，就能自动倾倒，因为重心很高。等进水一满，水和瓶子整体重心又下移，使瓶子自动能竖起来。

嫘双手牵动细绳，把水瓶放进井里，她在劳动中暴露出的优美曲线，深深地教育着黄帝。

黄帝走上前，注视着嫘小姐。嫘小姐那静止的温柔，仿佛千百蝴蝶，在她周身纷纷起舞。黄帝说："是谁捧给我芳香的水浆，我就要为谁迷醉不醒，我将儿女情长，放弃读书赶考。我将把把逐的艰辛和成功的荣耀让位给古人和来者，甘心岁月蹉跎并且于世无补。"

嫘一愣：哟，这个西边来的帅龙真会说话啊。（是啊，人家一刚生下来就会说话！）

嫘恼恨的意思少了，多了些好奇，她看见黄帝头上编着蝎尾形的朝天长髻（类似麻花辫子），五只野猪獠牙制作的发夹套着长髻上起固定作用。一串绿色石质饰品，像发带一样绕脑袋一圈。发带以下，垂着一些小细辫子。耳外挡着方块的、梯形的耳饰，质料像是细

鬼谷子

陶——这都是根据出土古人装束来的。黄帝的手腕上套着象牙镯和玉镯，好几只，有宽有细，颜色纷杂，但右腕上是空的（留着戴手表）。黄帝的手指戴着石制的指环，大约是帮助拉弓用的。黄帝颈下又垂着一块玉璜和一条象牙小龙作为胸佩，一个青紫一个洁白。总之黄帝身上都是小零碎，像是旅游景点里兜售小纪念品的，实在有点另类。

嫘忍不住笑出声来："你是刚进化完的野人吗？怎么穿的这么乱七八糟？"

"我穿的这是一套黄土风情，阁下想听吗？"

"有话请讲。"

"我脚下的黄土，即使全是黄的，也会因烧制技巧不同而有目感差异，造出红陶、黑陶、白陶、彩陶不同系列出来。我的鞋袜颜色很深，像是重度烘烧的细泥黑陶，黑如漆、薄如纸，再经打磨，漆黑光亮。我的下裳（前后两片的裙子，当时还没有裤子）颜色稍暗，像是风味独特的印纹红陶，陶色较深，坚固耐用，是贮藏粮食的好罐子。我的麻线上衣颜色稍浅，像是柔顺细腻的网纹白陶，胎制细白，器表光滑，光彩照人，可吃饭，也可喝水。而我的背包颜色内深外浅，点缀着蓝宝石饰品,则像是兽纹彩陶,上刻有猪纹、狗纹、龙纹、虎纹,气势磅礴,剽悍豪放,象征着我的性格!"

嫘愣了半晌,轻轻咬着发梢,这家伙也太能说会道了:"照你这么说,那我穿的就是一套青山文化了?"

"怎么讲?"

"即使全是青山,也会因为气候的冷、热、晴、雨而有差异。我的鞋袜颜色很深,像是太行山上的松岭,阴冷诡谲。我的丝罗裙颜色稍浅,又有点泛白,像漂著冰雪的北漠大青山,深沉忧郁。上身绢衣的颜色更浅,像是江南温柔婉转的草坡,清澈明亮。而我的罗纱挎包颜色外深内浅,并且有绮锦的碎花背带,就像是长白山顶的天池,岸边还跑出几头小花鹿,映着云海缥缈的倒影,蹦蹦跳跳,乖巧可爱。"

黄帝惊讶得下巴差点掉在地上,爱死了这个女孩,终于跟她结为伉俪。

二、商汤革命

伊尹是中国古代第一名间谍,他凭借自己的大厨手艺以及莫须有的英俊外表,成功地渗透到夏桀后宫,帮

 鬼谷子

商汤收集情报。

伊尹从夏朝都城跑了一圈,回来向商汤报告说:"我观察了夏桀的厨房,他的粮食聚集得太多,堆积成山,多得吃不了,于是酿成整池的美酒。夏桀有如此多的粮食,不是说明他国家富有,只是说明他征敛过度。万民不堪其苦,势必民怨沸腾。但是,夏桀是个乐观的人,就像水壶一样,屁股已经烧得通红,还在有心情吹口哨。"

汤先生露出满意的笑容,兴奋地站起来,立刻就想出兵,与夏桀会猎于中原

"但是我听说,"伊尹接着讲,"夏桀刚刚做了一个梦,梦见天上有两个太阳。西边一个太阳,东边一个太阳。两个太阳互相搏斗,结果西方日胜,东方日败了。"

"啊?什么意思,西方日胜,东方日败!东方就是我们啊,东方的太阳输了吗?"

"是啊。不过我有好办法,司令,如果我们出其不意绕到夏都西边,从西边发动攻势,我们岂不就成了西边的太阳,夏桀成了东边的太阳,西边的太阳必胜,不就是我们一战而王吗?"

这个调换赛场的建议非常高妙。众所周知,夏桀的

第一章 捭阖

防御重心都是针对东夷人的,所以重兵布署在国都以东。如果商汤的六千子弟兵从南边迂回穿插绕到夏都以西,发起强大迅猛的冲锋,属于军事学上的避实就虚,出其不意,一定成功。使人联想起希特勒绕开法国人钢筋混凝土垒筑的马其顿防线,向北迂回攻掠法国,活活把人气死。

果然,夏桀对于国都西侧突然冒出地平线的商族部队大为惊恐,他的主力部队都集结在国都以东两百公里的昆吾(河南许昌)一线以防东夷。史书上说,商与夏两军接刃不久夏桀就主动撤退,飞也似的向东线昆吾靠拢,寻找友军救援。

昆吾之君接住夏桀,自己挺身与尾随而至的商汤仓促迎战,被汤司令击破,昆吾之君战死。在汤司令的压迫之下,夏桀残军不得不继续向东撤退,跑了一百多公里才收住脚步。从这里再往东跑,就是山东东夷的地盘了。夏桀只好转过身来,与追击而至的汤司令做孤注一掷的最后一搏,这就是著名的"鸣条之战",发生在鸣条(河南开封地区)。

夏桀颇以勇力著称,据说能双手拉直铜钩,两臂生擒犀兕(兕是母犀牛),神力冠于华夷。夏桀一手持矛,

一手扬斧,双手挥动如轮,只身冲陷敌阵。四野的天云沉凝欲堕。虽然东夷战士以骁勇犀利见称,但在夏桀的劈打之下,也纷纷倒毙,头破胸穿。夏桀身后还豢养着一班勇士,都能手裂虎豹。凭着他们出色的单兵作战能力,夏桀硬是在几千人的围追堵截之下血战突围,裹带着一部分亲属(据说包括妹喜女士)冲出险恶的矛林箭雨。

夏桀一路往南方逃窜,深入了 FD 病毒多多的荒障之地。

夏桀捂着伤口,终于走不动了,死掉了。他临死对妹喜说:"我后悔当年没有把商汤杀死在夏台监狱,结果自己成了这个样子。"享国四百多年左右的夏朝,就这样结束了。

三、武王伐纣

周武王伐纣前的动员大会上,照例进行了封建迷信的占卜活动。打仗讲究天时地利,天时好不好,就是这占卜的东西说了算,也就是乌龟壳和蓍草说了算。如果领导的意见、乌龟壳的意见、蓍草的意见、卿的意见、

第一章 捭阖

以及庶民的意见,全都一致,那就是大吉。如果蓍草的意见、卿的意见、庶民的意见,与领导不一致,那就要好好掂量一下了。

周武王占卜显示,天时却很糟糕,乌龟壳和蓍草都说"大凶"。雄心勃勃的新兴王朝领袖们面面相觑,姜子牙老头儿当场耍赖,呸呸地吐唾沫:"不算数!枯骨死草,知道什么凶吉!不算数!命令集结在城外待命的部队拔营出征,进攻中央。"

公元前1046年隆冬,西北高原风和日丽的万里长空下,一个新兴王朝久经积蓄之后,崛起在苍茫地平线上,浩浩荡荡的队伍,在一个忍者的儿子和一位世故老人率领下,预备渡过黄河,把他们的龙旗插到几千里以东那个腐朽的旧王朝坟墓上去。

就在这个时候,还多了一个令人啼笑皆非的插曲:一对老哥俩,伯夷和叔齐俩大贤人,急急慌慌从养老院追出来,抱住周武王的车辕,说了一大段"子不可以背父,臣不可以叛君"、"不可以暴易暴"等等令人费解的人间第一大道理。

左手持黄铜大斧子,右手攥着白牦牛尾巴的周武王,给说哑巴了。回头看左右,左右拔出青铜宝剑,往

鬼谷子

这两个罗嗦老头儿脖子上比划。姜子牙抬手说:"都是义士啊,放他俩走了吧。"

大军带起滚滚遮日的黄土,从两个发愣的老头子面前碾过去了。

伯夷、叔齐老哥俩当然懂得,大周兵旗上的图案,是龙,因为大周崇尚文采,殷商则是虎,因为他们崇尚威武,而再古远的夏代,旗子上是日月,因为他们崇尚光明。

龙旗和虎旗的一场恶斗就要来了,俩老头该站在那一方呢?当然,不食周粟的两个倔老头以饿死首阳山的实际行动,向历史交上了他们的答卷。

周武王的军队逼近了商王朝都城,据说另外还有八百同盟国辅助出兵,担任配合作战。姜子牙命令说:

"请大家举起你们的戈,排好你们的盾,竖起你们的矛,欢迎领导讲话。"

"嗟,呜呼"周武王说,"各位友邦执事、各位诸侯领导,各位司徒、司马、司空、亚旅、师长、千夫长、百夫长,各位战车兵、徒兵、虎贲,大家好,大家辛苦了。古话说,'牝鸡无晨'什么意思呢?母鸡不应该打鸣!如果母鸡负责打鸣报晓,这家人就要倾家荡产了。而今，商纣王听信妇人之言，蔑视祖先兄长，用奇技淫巧取悦妇人，真是个独夫！

"纣王作威作福，恶贯满盈，荒废政事，自绝于天，结怨于民，上帝都不照顾他。我父亲西伯好比日月之照临，光于四方，显于西土，顺应天意。虽然纣王有亿兆之人，但是离心离德，我有能臣十人，而同心同德，诸侯拥戴。我要执行老天的惩罚，率领熊虎之师，吊民伐罪，永清四海。"

四、多难兴邦

"多难兴邦"指国家历经困难，反可促使上下团结奋斗，使国势兴盛起来。

此典出自《左传·昭公四年》："或多难以固其国，启（开）其疆土；或无难以丧其国，失其守宇。"

春秋时，晋、楚两国曾相互朝见。公元前538年，楚灵王派大臣椒举到晋国去，希望借晋国的势力让其他诸侯拥护楚国。晋平公想自己称霸，害怕其他国家强大，所以他不想答应楚国的请求。晋国大臣司马侯对晋平公说：晋、楚两国的霸业只有靠上天的帮助，

而不是可以彼此争夺就能得到的，君王还是答应楚国的请求才好。晋平公说：晋国有三条可以免于危险，还有谁能和我们匹敌呢？我们国家地势险阻又多产马匹，齐国、楚国又多祸难，有这三条，我们怎么会不成功呢？

司马侯回答说：依仗着地势险要和马匹多而对邻国幸灾乐祸，这是三条危险。四岳、三涂、阳城、太室、荆山、中南，都是九州中的险要地带，它们并不属于一姓所有。冀州的北部，是出产马的地方，并没有新兴的国家。凭借着地势险要和马匹多，是不能巩固自己的，自古以来就是这样。而往往是多有祸难而巩固了国家，开辟了疆土；因为没有祸难而丧失了国家，丢掉了疆土。

晋平公认为司马侯的分析十分有道理，便答应了楚国的请求。

五、分崩离析

"分崩离析"用来形容国家或团体四分五裂，不可收拾。

第一章 捭阖

此典出自《论语·季氏》:"邦分崩离析而不能守也。"

春秋时期,孔子的学生冉求、季路在鲁国大夫季孙氏手下任家臣。季孙氏为了扩大自己的统治权力,准备去攻打鲁国的属国颛臾。于是冉求、季路为此去请教孔子。孔子说:"冉求,你知道颛臾是我们鲁国生死存亡的藩属,为什么要去攻打它呢?"冉求辩论道:"颛臾城池牢固,而且离季孙的封地费地非常近,如果现在不把它攻打下来,将来一定会给子孙后代留下祸害。"孔子很不高兴地说:"我最讨厌的是不说自己贪得无厌的人,却一定要找借口去侵犯别人。我听说过,无论是诸侯、大夫,'不患寡而患不均,不患贫而患不安'。如果财富平均,便无所谓贫穷;境内和平团结,便不会觉得人少;境内平安,便不会倾危。"孔子又告诫冉求道:"像你们这样做,其结果必然是:'远人不服,而不能来也;邦分崩离析,而不能守也,而谋动干戈于邦内。吾恐季氏之忧,不在颛臾,而在萧墙之内也。'"冉求、季路听了孔子的这番话,纷纷点头称是。

鬼谷子

六、作威作福

"作威作福"本指统治者专行赏罚,独揽威权。后来,人们用它形容妄自尊大,滥用权力。

此典出自《尚书·洪范》:"臣之有作福作威玉食,其害于而家,凶于而国。"

公元前1066年,周武王讨伐商纣王,最后杀掉了他,带着殷纣王的叔父箕子返回镐京。周武王向箕子询问治国的道理,箕子一共讲了九条办法,其中第六条说:"人的德性可分三种:一是正直,二是过分刚强,三是过分柔顺。什么是正直呢?中正平和,不刚不柔,就是正直;什么是过分刚强呢?性情倔强,不能亲近人,就是过分刚强;什么是过分柔和呢?和顺而不坚强,就是过分柔和。君王应当抑制刚强不能亲近的人,推崇和顺可亲的人。只有君王才有权替人造福,对人行使威权,吃美好的食物。大臣们无权替人造福,无权对人行使威权,无权吃美好的食物。如果大臣们有权替人造福,有权对人施以威权,有权吃美好的食物,那么,就会对您的家有害,对您的国不利。

您手下的大臣们会因此背离王道，老百姓也将因此犯上作乱。"

七、诗礼发冢

"诗礼发冢"形容满口仁义道德而实际上却干尽坏事的卑劣行径。

此典出自《庄子·外物》："儒以诗礼发冢。"

千万不要以为儒家学说不会把人引入歧途。你瞧，诗礼传家的儒生，却干起了掘墓盗物的肮脏勾当！

有一次，一个道貌岸然的大儒带着小儒去盗墓。小儒掘开坟墓，紧张地忙碌着，大儒站在旁边望风，以高高在上的口气对小儒说："东方已经发白，天快亮了。你做得怎么样了啊？"小儒回答道："我还没有解开死人的裙子短衣呢。瞧，他的嘴里含着珠玉！"大儒说："《诗经》中本来就说：'麦苗儿青青啊，生长在山坡上。你这个贵人，活着的时候那么吝啬，不肯救济穷人，死后含着珍贵的珠玉干什么！'喂，师弟，赶快抓住他的鬓发，揪住他的胡须，用锤子轻轻地敲打他的下巴，慢慢地撬开他的两颊，千万不要碰坏他嘴里的珠玉！"

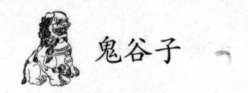

八、爱身避死

"爱身避死"表示贪生怕死,畏缩不前。

此典出自《汉书·张敞传》:"处此紧急时刻,不敢爱身避死,愿效忠陛下,竭尽全力以除盗贼,以安百姓。"

汉代有个人名叫张敞,汉宣帝刘询时,初任太仆丞,后为豫州刺史。

当时渤海、胶州地方的官吏失职,数年粮食歉收,盗贼蜂起。张敞听到这个消息,决定去那些地方平定,于是上书皇帝说:"近闻胶州、渤海地方连年歉收,盗贼并起,至攻官寺,到处抢劫;地方官吏,已失纲纪,因而奸宄不禁。在这紧急时刻,不敢爱身避死,愿效忠陛下,竭尽全力以除盗贼,以安百姓。"宣帝看了张敞的上书,十分高兴,就拜张敞为胶东相,赏赐黄金三十斤。张敞到了胶东之后,采用劝善惩恶、有功者赏、顽抗者斩的办法治理胶州,收到了良好的效果。在平乱中因立功而调补为官者数十人,从此盗贼解散,渤海、胶州平定下来。

第一章 捭阖

不久,长安市内,盗贼蜂起,宣帝又令张敞去进行治理。张敞采用走访长安父老,教育并利用偷盗者的首领,采取奖惩结合等多种办法,很快就制服了盗贼。当时人们对此评论说:"张敞为人敏疾,赏罚分明。"

九、昭忌献计魏王

秦国攻打韩国的管城,魏王派兵去援救韩国。魏臣昭忌说:"秦国是强国,韩国和魏国又与秦国接壤。秦国不出兵进攻则已,若出兵进攻,不进攻韩国,就进攻魏国。现在幸好是进攻韩国,这是魏国的福气。大王若去救援韩国,解除进攻的是韩国的管城,遭受进攻的,必定是魏国的大梁。"魏王不听,说:"若不救援韩国,韩国就怨恨魏国,它向西与秦国联合,秦魏两国一致,魏国就危险了。"于是去救援韩国。

秦国果然放弃管城,攻打魏国。魏王很害怕,对昭忌说:"我没有采用先生的计谋,大祸临头了,怎么办呢?"昭忌便为了此事去拜见秦王,说:"我听说英明的君主治理国家,不会夹插个人的偏见去理政,要参考各种意见行事。希望大王不要攻打魏国,听从我的意见。"

秦王说:"为什么?"昭忌说:"山东诸侯各国的合纵联盟,时合时离,为什么?"秦王说:"不知道。"昭忌说:"诸侯的合纵能组织起来,是因为大王的决策变化不定;合纵解散,是因为大王的决策一以贯之。现在您攻打韩国的管城,韩国已经危机,但尚未灭亡,您又把军队调去攻大梁。这只能促使诸侯的合纵组织起来,这是再明显不过的事实:以为秦国的要求变幻不定,没有可靠的。所以替大王着想,不如去制服赵国。秦国制服了赵国,燕国就不敢不顺从秦国,那样,楚国和齐国就不能单独合纵了,诸侯与秦国抗衡的势力就减弱了。"秦王于是停止。

一〇、郑庄公与母对唱

曾经被周幽王的烽火戏弄过的诸侯们,也不是个个见死不救,有个精忠报国的"郑桓公"就老远跑来看热闹,结果被砖头砸着了,喋血在陕西镐京。他的孙子,就是郑庄公。

郑庄公这人,身体协调性不好,出生时候按道理应该是脑袋先伸出来,可是他小人家一时惶急,举动失

第一章　捭阖

措,大腿先迈出来了,特不顺溜,弄得郑妈妈很疼痛,出来后也没向妈妈道歉。所以妈妈不喜欢这孩子,叫他"寤生",表示寒碜他,就像管戴眼镜的人叫"四眼儿"。

郑妈妈后来又生了一个孩子,这回生得中规中矩,红嘴白牙,一表人材,深得郑妈妈之爱。长大之后就准备造反,异想天开夺他大哥郑庄公的权。他着手扩大荥阳城围,当时大周朝对城围都有统一限制,怕诸侯势大造反来的。郑二弟不管这一套,他扩张了自己的土围子,又扩充了战车编制,还要求西鄙、北鄙都听他调度,钱粮交他。

"鄙"是城外郊区,边鄙农村的意思。自谦说"鄙人",比如周作人老头子常在作文里自称鄙人,就等于自谦说"俺",或者"俺农村人"。

郑老二种种蠢蠢不忠的举动传到郑国都城,郑庄公恨恨地说"多行不义必自毙!"

这句成语"多行不义必自毙",听起来正义凛然,实际不是那么堂堂正正。郑庄公有养祸的意思:为了除掉自己的竞争对手——弟弟,先姑息放纵,听凭他可劲儿折腾,等弟弟罪行犯大了,再跑去帮弟弟"解脱",给

他收尸,名正言顺地诛灭他!这是一种欲擒故纵的把戏,后代不断有人临摹,比如蒋介石把看着不顺眼的异类军阀逼反,然后再剿灭收编之。

郑老二观望了一下,看看大哥没什么反应,就征发战士,宣布造反。

大哥郑庄公发出二百乘正义之师,鸣鼓而攻老二,打得老二没命地逃。最后看看没辙,只好望着天空,哭着鼻子自己了断了。

看见弟弟已经含笑九泉了,郑庄公感到了深似太平洋的深深开心。开心之余,郑庄公就把老妈也打入了冷宫,谁让你想帮老二杀我呢!

郑妈妈没有像宫廷斗争失败的节烈皇后那样,把自己的脖子升到冷宫的房梁上去。她认为生命是一个值得维护的奇迹,赖活着还是比好死好。这时候,一个叫"颖考叔"的年轻人出场了,跑来启发郑庄公。颖考叔手里拎着一只捉来的山鸡,乔模乔样地献给郑庄公说:"山鸡这东西,小时候吃妈妈捉来的虫,大了反过来啄妈妈。最不是玩意儿了!"

郑庄公有点不自在了,觉得自己不孝顺娘,好比就是山鸡,是禽兽一般的东西,满面羞惭,可是,郑庄公发过"不及黄泉,无相见也"的毒誓,不要再见老妈了。古人是很重视誓咒的,发的誓都被雷公爷爷录了音,说话不算数要遭雷劈的。怎么办?

颖考叔有办法,他领了一队民工,在宫院里挖地道,从"黄泉"地道直通郑妈妈的冷宫。母子俩在黑乎乎像歌厅一样的地下室相见,重归于好,并且各自唱歌。儿子唱:"大隧之中,其乐也融融。"

母亲唱:"大隧之中,其乐也泄泄。"

一一、淳于髡乐极生悲

淳于髡是战国时代齐国有名的幽默人物,能言善辩喝酒。有一天齐威王问他能喝多少酒,淳于髡幽默地说:"一斗就醉,一石也醉。"威王听说一斗已经够多了,为什么还能够喝一石呢?觉得好奇,追问他其中的原因。

原来齐威王也很喜欢喝酒,对国事疏忽,常常喝到通宵;淳于髡就抓住这个机会,拿喝酒去劝诫他。

淳于髡说:"如果是大王赐给我酒喝,旁边有执法的大臣,后面有弹劾的御史,喝的时候,心里害怕,一

斗就醉了。如果家里有宾客,父母命我喝酒,因为要庄重一点给侄子们看,不敢放肆,那么就可以喝二斗。如果很久没有见面的知心的朋友,突然相遇,论今道故,谈谈别后的私事,这时可以喝五六斗。如果碰到里巷间的宴会,男女杂坐,猜拳行令,说说笑笑,毫无男女间的嫌疑顾忌,这时心情特别愉悦,可以喝到八斗了。要是到了晚上,男女同席,舄履交错,杯盘狼藉,大家脱去礼服,穿着短衣,女客们的香气四溢,这个时候,感到最欢乐,那么就可以喝一石了。因此有人说'酒极则乱,乐极则悲'。天下任何事情都是这个道理。"威王听了淳于髡这番话后,知道是在劝诫他,就取消了晚上的宴会。

一二、不识时务的后果

鲁国施家有两个儿子,一个学文,一个学武。

学文的儿子凭借自己所学的道理,打动了齐侯。齐侯挽留他担任教导诸公子的太傅。学武的儿子到了楚国,向楚王讲述了自己的韬略,楚王高兴地请他留下协理军政。

第一章 捭阖

施家二子功成名就，最终是全家富贵，九族荣耀。

他们的邻居孟宛，也有两个儿子，也分别习文就武，可是却一直穷困潦倒。

孟家很羡慕施家的富有，就登门请教晋升的方法。施家两个儿子如实相告。于是，孟家学文的儿子跑到秦国，向秦王鼓吹仁义。不料，秦王听了十分生气，说："现在诸侯称霸，武力相争，我们应该致力于耕战。假如用你的那套仁义治理我们国家，必定会走上灭亡的道路。"说罢，下令将他处以宫刑，赶出秦国。

另一个学武的儿子投奔卫国，向卫侯大谈强兵之道。卫侯十分反感，他气恼地说："我们是弱小国家，又处在几个大国之间。对大国，我们恭顺礼貌；对小国，我们爱护帮助。这才是保持和平，国家稳定的正确策略。如果照你所说的，去兴兵动武，马上就会灭亡。今天如果让你这样回去，跑到其他国家，蛊惑人心，穷兵黩武，一定会给我们造成很大的危害。"于是，下令剁掉他的双脚，撵回鲁国。

孟家二子回到家里，父子三人一起来到施家，拍着胸膛责骂。

施家问明情况，感慨地说："凡识时务的人，就能

一帆风顺；反之，不识时务，就要惨遭失败。您儿子学的和我们一样，而结果却和我们相反，就是因为他们不识时务，并不是做法有什么错误啊！"

一三、冯异致书李轶

冯异致书李轶说："我听说明镜可以照形。往事可以知今。古时，微子离弃殷朝而入周，项伯叛楚而归汉，周勃迎代王而废少帝，霍光尊奉孝宣而废昌邑。他们全都敬畏天命，不敢违背，并亲眼见到存亡之符咒，废兴之故事，故能成功于一旦，垂业千秋万代。假如长安（更始）政权尚可扶持，可使之延长统治，然你与更始过于疏远，又独居一隅，难道能够持久支撑下去吗？如今长安残破混乱，赤眉兵临城外，王侯乘机构难，大臣纷纷叛离，全无纲纪，四方分崩离析，异姓并起，所以，萧王（刘秀）才跋涉于霜天雪地之中，经营河北。现在，英雄云集，百姓望风归顺，虽有邠歧民人慕周而归的故事，也难以与此相比。你若能真正看清成败之道，早定大计，即可功过古人，转祸为福。但假若你派猛将长驱进攻，或严阵围城，到

第一章 捭阖

时后悔也来不及。"

起初，李轶与光武（刘秀）最先结有谋约，相互甚为亲近。及更姓政权建立，反而与之共同倾轧光武之兄刘伯升。虽然尽知长安已经危殆，欲降光武所部而又不能自安。于是回书冯异说："我本与萧王最先聚谋建立汉朝，与其结生死之盟，订同荣辱共患难之计。现在。我守洛阳，将军（冯异）守孟津，皆据险要之地，此千载难逢的良机，只要我二人同心协力，定能成功。只望能向萧王转达我意，愿为他进言策谋，以佐国安民。"李轶自与冯异通此书信后，不再与冯异交锋，所以冯异得以北上攻克天井关、上党两城，又南下夺得河南成皋以东十三县，待诸援兵云集，冯异又尽平定之，投降者达十余万。武勃率领万余人来攻打归降之众。冯异率军渡黄河，与武勃交战于士乡亭下，冯异大败武勃军，阵斩武勃，获其将士首级五千余，李轶仍闭门不救。冯异见其守信义，上奏光武帝。光武帝有意泄露李轶书信，使朱鲔知道。朱鲔动怒，于是派人刺杀李轶。

洛阳城中人人离心，多有投降之人。朱鲔又派讨难将军苏茂率领数万人攻打温地，朱鲔自率数万人攻打平阴，兼攻冯异守地。冯异派校尉护军带兵与寇恂合击苏

 鬼谷子

茂，打败苏茂全军。冯异由此渡黄河进攻朱鲔，朱鲔败走，冯异追至洛阳，环城绕一周而还。

一四、狂妄的奴才

严光，字子陵，别名遵，东汉会稽余姚人。年轻时就很有名气，与光武帝（刘秀）一同游历求学。光武帝即位后，严光就改名换姓，从此隐居起来不再露面。光武帝思慕他的贤德，派人画形图貌去寻访他。后来，齐国报告说："有一个男子，身披羊皮袄，在泽中钓鱼。"光武帝觉得那个钓鱼人一定是严光，于是准备好可以安坐的车子，和黑色、黄赤色的币帛，派使者去请求严光。使者去请了好几次，严光才答应前来。光武帝把他安置在守卫京师的屯卫兵大营中居住，摆设好床褥，由掌管御膳的官吏按时送菜送饭。

司徒侯霸与严光是老朋友，想请严光到家中一叙，便派使者持信前去相邀。使者对严光说："侯公听说先生来了，真心实意地要马上来拜访，只因职务缠身，所以没有能及时赶来。他想借晚上的机会，请您屈尊同他谈谈。"严光没有回答使者，顺手把一个写字用的小木

片扔给使者,让他记录,自己口授道:"君房(侯霸字君房)足下:您官至三公,很好。心怀仁爱,辅佐正义,天下人都很高兴;阿谀奉承,顺从旨意,腰、颈就会断绝,身首分家。"侯霸收到信后,把信封好送给光武帝,让他看。光武帝笑着说:"这个放荡不羁的家伙还是那副老脾气。"

一五、刑押卢从史

卢从史,他的祖先从元魏以来,历任高官要职。他的父亲卢虔,小时失去父亲,喜欢学习,参加进士考试,历任御史府三院、刑部郎中、江汝二州刺史、秘书监。卢从史少年时注重力量,练习骑马射箭,在泽、潞之地游历,节度使李长荣用他作为大将。德宗年间,每当任命节度使,必定派人察访该军人心归向于谁。李长荣死后,卢从史顺应军情,而且善于迎合奉承朝廷使臣,得以授予昭义军节度使。逐渐猖狂放肆,大行不道,甚至夺取下属将领的妻妾,而且擅长诡辩,假传命令,从事孔勤等人因直言进谏不被采纳而离开。前年卢从史跟父亲丧,朝廷还没有讨论在服丧未满期间起用

他。正好王士真去世，卢从史私下进献消灭王承宗的计谋来观看皇上的旨意，因此尚未满丧就起用了他，托付给他完成这个功业。等到皇帝下令讨伐承宗，卢从史兵出后，逗留不进，暗地里与王承宗通敌谋划，命令士兵偷偷归附承宗；又抬高他的粮草的价格，出售给度支，暗示朝廷要求宰相之职；而且虚假上奏说各军通敌，军队不能前进。皇上感到很忧虑。

　　护军中尉吐突承璀率领神策兵和他对阵，卢从史常常到他的营地赌博游戏。卢从史贪多好赢，吐突承推拿出宝带、奇玩向他炫耀，每当他喜爱时就送给他，卢从史更加高兴，日益与承理亲近。皇上知道了这件事，听取裴垍的计谋，因而告诫吐突承璀，等到卢从史来赌博时，拱手行礼与他说话，帐幕下面埋伏壮士，突然起身，揪住他到帷帐后面绑起来，放进车中，急速送往朝廷。跟随他的人惊恐慌乱，杀了十几人，发布号令后才平定，并且宣布了皇帝的秘密命令，急速押赴朝廷。卢从史的都将乌重胤一向忠顺朝廷，于是严加警戒他的军队，众人不敢乱动。正好趁夜晚，驱车急速前行，不到天亮就走出境外，沿路的人都不知道。

第一章 捭阖

一六、好事不出门,恶事传千里

赵匡胤年轻时喜欢打抱不平,行侠仗义,是个好管闲事的祖宗,撞没头祸的太岁。这天,赵匡胤在太原清油观发现锁着个年轻貌美姑娘,哭哭啼啼,一问才知名叫赵京娘,被强盗所掳,寄顿在此,清油观道士慑于盗威,不敢放她。赵匡胤一听大怒,一棒把菱花窗格打了下来,说道:"强人若再来时,只说赵某打开殿门抢去了。"便让马给京娘骑,千里迢迢送京娘回蒲州家乡。一路上两人兄妹相称,历尽艰险,斗杀歹徒"着地滚"周进,棒打匪首"满天飞"张广儿,悉心照料京娘疾病。那京娘想起公子之恩,心中情动,又羞于出口,便心生一计:路上假装腹痛,要公子扶她上马,又扶她下马,并将身偎贴公子,挽颈勾肩,万般妩媚。夜宿时又嫌寒道热,要公子减被添衾,软香温玉,又岂无动情之处?公子性刚,全然不以为怪。渐次行来,看看已近蒲州,这日黄昏以后,京娘在灯下长叹流泪。公子怪道:"贤妹因何不乐?"京娘道:"小妹深闺娇女,误陷贼人之手,今日蒙哥哥拔离苦海,千里步行相送,又为妾报

仇，绝其后患。此恩重如亲生父母。此身之外，别无报答。不敢望能与哥哥婚配，待为妾婢，服侍你一日，死亦瞑目。"公子大怒，道："俺本为义气上千里相送，今日若就私情，与那两个强盗何异？把从前一片真心化为假意，惹天下豪杰耻笑？"自此，京娘愈加尊敬公子，公子亦愈加怜悯京娘。

这日到了蒲州，京娘父母忽见女儿回来，喜出望外，杀猪设宴款待公子。其兄与父私下商议道："'好事不出门，恶事传千里。'妹子被强人劫去，今日跟这汉子回来。'人无利己，谁肯早起？'想必他与妹子早已有情。妹子经了许多风波，又有谁聘他？不如招这汉子为婿。"就将话来与公子提起。公子性如烈火，听得这话，大怒，把桌子掀翻，扯断马缰，如飞而去。京娘气苦，捱至深夜，自缢而死。正是："今宵一死酬公子，彼此清名天地知。"

一七、丁宝桢智斩安德海

清同治八年，山东巡抚丁宝桢巧妙地利用慈禧太后与慈安太后、同治皇帝的复杂关系，智斩权监安德海。

第一章 捭阖

这次举动,震惊了朝野。

清朝同治八年七月初,安德海的两艘太平船沿京杭大运河扬帆南下,一路上以钦差大臣身份出现,沿途一些趋炎附势的地方官争先恐后前去逢迎巴结,讨好安德海一伙。安德海趁机大敲竹杠,中饱私囊。

七月二十日,太平船驶入山东境内,抵鲁北古城德州,安德海令船靠岸,说明天是他生日,要在船上庆寿,差人们就忙了起来。次日挂起了他从宫中带出来的龙袍,船舱中并排放两把太师椅,一把摆着龙袍和翡翠朝珠一挂,一把坐着安德海。船上娈男妙女都给他磕头拜寿。船头插一面三角形、镶牙边的旗子,旗中绘有一太阳,太阳中间一只三足乌鸦。船两旁挂两面大旗,一面写着"奉旨钦差",另一面是"采办龙袍",还有迎风招展的龙凤彩旗多面。安德海大开酒宴,过了有生以来最得意的一个生日。

钦差过境怎没接到"明降谕旨"呢(清朝派遣大臣出京,军机处外发公文,沿途地方官员按礼迎送,德州知州赵新心中十分纳闷,便带上差人来到城西侧的堤岸察看,见船已出了德州地界,赵新便返回州衙。

赵新召集幕僚商议,问众人那日中三足乌鸦小旗是

何意。幕僚们回答不出来。赵知州说典故出自《史记》的《司马传》。文曰："幸有三足乌为之使。"安德海挂此旗的意思是暗示人们他是奉西太后的懿旨。赵新随后带两名心腹随从，主仆三人骑快马直奔济南，到山东巡抚衙门（该衙门是明洪武年间齐王府）递上了手本，通报德州知州有要事拜见抚台大人。山东巡抚丁宝桢就把赵新让到西花厅叙谈。

丁宝桢是一位铁面无私、不喜趋奉的好官。他对安德海凭西太后之宠，种种不法，早已心中不满。接到德州知州赵新的禀报后，便动用紧急公文，派快马分别下令东昌（今聊城）知府程绳武，驻东昌总兵王心安，济宁知州王锡麟，泰安知县何毓福及沿河各县，对安德海一伙跟踪准备缉拿。

此时，安德海船已行至临清，因河水浅无法前行，他便让人雇用20余辆大车，浩浩荡荡沿大道到了聊城。后又折道东行，直奔泰安，夜宿义兴客栈。

聊城知府程绳武、总兵王心安来到泰安县知县何毓福府上，商量怎样捉拿安德海一伙。何毓福安排泰安参将姚绍修，率领泰安营士兵，把义兴客栈包围起来。士兵最后终于在院内水井中发现了安德海。原来安德海听

第一章 捭阖

到动静,见事不妙,自己便带着部分从皇宫盗出来和沿途搜刮来的金、银、珠宝等,进后院把它藏进水井里。士兵发现后,很快把他捉住。何毓福命人将井里藏的东西打捞上来,连人带东西连夜解省。王总兵等带骑兵夹车护卫,天明抵达济南,安德海被押交抚院。丁宝桢命抚标中军绪承参将、臬司潘蔚,把安德海寄押在历城监狱。

安德海在慈禧太后面前得宠后,连同治也不放在眼里,处处找小皇上的茬,因此载淳恨透了安德海。咸丰死后,6岁的载淳就问:"我当皇上,能说杀谁就杀谁吗?"贴身太监问要杀谁,载淳在其手上写了"小安子"。

时机终于来了。同治得知安德海想出京为他置办龙袍,于是灵机一动,来了个"我不管那闲事"。

安德海离京,载淳立即到长春宫绥寿殿去找慈安太后商量。安德海离京期间,必有折子奏来,只要慈禧不知,事情就好办。于是慈安想出了一个绝妙的办法:以慈禧近日身体欠佳为由,建议让皇帝看奏折,学习处理政事。慈禧也同意,就传懿旨:内奏处的黄匣子先送给皇帝,让皇帝每天下了书房到自己的翊坤宫看奏折。这样一来,就有了剪除安德海的良机。

鬼谷子

八月初五夜，丁宝桢亲审安德海。安德海坚持说是奉西太后懿旨出京。可地方既没见到明发上谕，安德海手中又没有奉准出京的勘合，当然丁宝桢不认可。丁宝桢厉声斥道："你携带妇女，擅用龙凤旗，还有小旗子上那玩意儿；你一路招摇，惊扰地方，不要说是假冒钦差，就算果有其事，凌迟处死，亦不为过。"安德海这才软下来，求丁大人高抬贵手，放他一马。丁宝桢为稳妥起见，先把安德海等人押历城县，并马上修书一封奏明皇上，等候朝旨。

载淳终于盼来了丁宝桢关于安德海的折子。他瞒着慈禧立即召见了恭亲王奕和内务府大臣明善及其他有关大臣，决定让恭亲王马上赶到军机处，命军机大臣宝望执笔拟密旨，将安德海就地正法。

却说泰安在捉拿安德海时，因有几个随从上街玩耍，漏网后连夜跑回京城禀告了慈禧。所以，皇上的圣旨未到，慈禧太后的懿旨就先到了济南。何毓福等人建议丁抚台接旨不开读，因为内容一定是赦安德海，如不遵照执行，便有欺君之罪；如开读，放回了安德海等于放虎归山。太后的懿旨应隆重开读，先供奉起来，建皇亭接懿旨才行。于是，在院东建皇亭。以争取时间等候

皇上圣旨的到来。

慈禧得知安德海泰安被捉和他家被抄的消息后，非常生气。但她心想，反正我的懿旨比皇上下得早，也许能保他一命，所以，慈禧就没有再追究。第二天晚上，廷寄到了正在焦灼等待的丁宝桢手中。丁宝桢命臬司潘蔚立即批了斩标，由抚标中军绪承监斩。历城知县即刻命人到狱中将安德海提到巡抚衙门，验明正身，几个戈什哈（满语亲兵）架着被绑的安德海来到西刑场。这时号筒吹响，刽子手大刀一挥，安德海这颗罪恶累累的脑袋便滚落在地上。

一八、张冠李戴

"张冠李戴"比喻"以此代彼"或"代人受过"。

此典出自明代田艺蘅《留青日札》卷二十二："谚云：'张公帽掇在李公头上。'有人作赋云：'物各有主，貌贵相宜；窃张公之帽也，假李公而戴之。'"

东昌有个牛医的女儿名叫胭脂，她既美丽又聪明，一心想嫁个好丈夫。但一般有身份的人家都因为她父亲是牛医而蔑视她家，所以迟迟没订婚。一天，她送邻妇

王氏出门,见一少年经过,很有风度,他走远了,胭脂还远远望着他。王氏说:"他是鄂秋隼秀才,跟你恰是一对,我给你做媒好吗?"胭脂听了羞红了脸不说话。不过心里以为王氏真的给她做媒,所以十分高兴。可是一等半月没消息,胭脂饮食无味,病了。王氏来看她,问她病因,她不说,王氏猜到了,在她耳边说:"我丈夫出门做生意了,等他回来,叫他去鄂家做媒好么?"胭脂笑逐颜开。这王氏从小和一个宿生要好,嫁了人还和宿生往来。有一天晚上宿生又来了,王氏便将胭脂为鄂生而害相思病的事告诉了他。宿生早就听说了胭脂长得漂亮,第二天晚上,他便翻墙进了胭脂家,自称是"鄂生",抱着她求欢。胭脂不肯,说:"你再不放手我就叫了!"宿生怕搞僵只得松手,胭脂说:"我愿做你的妻子,但决不能私通,你请媒人来吧!"宿生无奈脱下她一只鞋带走了。宿生没有占到便宜,于是又到王氏家睡觉,谁知却将那鞋搞丢了,怎么也找不到。王氏问他找什么?宿生只好把经过告诉了王氏。谁知他们的谈话被窗外一个叫毛大的贼听到了,而毛大恰巧又拾到了那只鞋,毛大不由得欣喜若狂。第二夜毛大翻墙来到胭脂家,胭脂父亲听到声音,持刀追贼,却反被毛大杀死,

第一章 捎阁

那只鞋子丢在尸体旁。第二天,县官追问这鞋怎么会在尸体旁的,胭脂为父亲悲痛之极,直说是"鄂生"脱去了。县官把鄂生捉来,不容分说一阵毒打,便把鄂生定为凶手,判死刑,报到济南府。知府吴公很干练,一看鄂生不像凶手,追问之下,才知鄂生根本不认识胭脂,胭脂却曾托王氏做过媒。于是把王氏抓来,逼问之下,供出了宿生假冒鄂生的事情,于是宿生死罪难逃了。大家都称赞吴太守英明。宿生虽脱履却并没有杀人,负屈上告,学使施公反复思考,负责处理这个案件,他将王氏找来,询问她有没有把这件事告诉过其他人,王氏说:"没有。""那么有哪些人调戏过你吗?"王氏说出毛大等四人。施公把这四人抓来,说:"凶手必是你四人之一,让神来指出凶手到底是谁!"于是晚上把庙壁涂黑,将四人放入庙内说:"谁是凶手,神会在他背上写明的。"毛大心虚,害怕神真的会在他背上写字,于是将背靠着墙,于是他的背上就染上了黑墨。第二天,施公说:"真凶是你!"毛大不打自招了。

于是宿生、鄂生被释放了,鄂生和胭脂结为夫妻。此案假中有假,"张公帽戴在李公头上",如果不认真详察,险些冤杀了鄂生或宿生。

 鬼谷子

一九、朝秦暮楚

"朝秦暮楚"的意思是,时而事秦,时而事楚,反复变化。人们用它比喻反复无常。

此典出自宋代晁补之《北渚亭赋》:"托生理于四方,固朝秦而暮楚。"

战国时代,秦、魏、韩、赵、楚、燕、齐,被称为战国七雄。在这七个国家中,秦国和楚国是最强盛的。当时,魏、韩、赵、燕、齐等国家从自己的利益出发,时而靠近和侍奉秦国,时而又靠近和侍奉楚国,立场游移不定,态度变化无常。一些政治方面的说客也奔走于四方诸国之间进行游说,并以此谋求升官发财之道,因此时而替秦国出谋划策,时而又替楚国出谋划策。

二〇、煮石为粮

"煮石为粮"形容仙家生活,也可用以指山林隐逸生活。

此典出自晋代葛洪《神仙传》。

第一章　捭阖

晋代葛洪《神仙传》中记载，白石先生是中黄丈人的弟子，弄不清他的年龄到底有多大，因为在彭祖时期，他已经活了二千多岁了。他虽然道行很深，却不肯修炼升天成仙之道，只是求取自己不死而已。起初，白石先生处于贫困之中，吃不起长生不老之药。于是他养猪放羊，在十多年中，节衣缩食积攒了万金巨资，于是就买了大量的药吃。常常煮白石当粮吃，后来索性到白石山居住，当时人把他叫作白石先生。彭祖问他说："您为什么只吃长生不老之药，而不吃升天成仙之药呢？"白石先生回答道："天上怎么会有人间快乐呢？我只求自己不要死去就行了。天上至尊至贵的角色太多，如果去事奉他们，那不是比在人间还要辛苦。"所以，当时人把白石先生叫做隐遁仙人，这是因为他不求升天当仙官；也不想出名，让别人知道他。

《晋书·鲍靓传》中，鲍靓，字太玄，晋代东海人。五岁时，他对父母说："我本来是曲阳李家的儿子，九岁时掉到井里淹死的。"他的父母前去曲阳打听这件事，找到李氏反复追问，证实了鲍靓的话是真的。鲍靓学业通达，内心和外表都有很好的修养，通晓天文，对玄妙的《河图》、《洛书》很有研究，后来升为南阳中部都

尉，任南海太守。有一次，他按照惯例外出巡视部属，考察刑政，在海上遭到大风的袭击，他饥饿难忍，就拿来白石煮起来充饥。

二一、不孙息摞鸡蛋

春秋时，晋国国王晋灵公，平日贪爱玩乐享受。有一年，他下令兴建一座九层高台，这要耗费大量人力物力。对此，许多大臣反对，但晋灵公一意孤行，还说："我建高台主意已定，谁再敢劝阻，立即斩首。"要保命的大臣都不再言语。

有个叫孙息的大臣，对晋灵公说："我能把九个棋子摞在一起，上面还能放上九个鸡蛋。"晋灵公觉得很新鲜，于是叫人拿来棋子和鸡蛋，让孙息摆摆看，孙息先小心地把九个棋子摞了起来，接着又把鸡蛋小心地往棋子上放，放了一个，又放一个……

这时，屋里的气氛很紧张，鸦雀无声，一片寂静，只有鸡蛋碰到棋子发出的响声。围观的大臣们屏住呼吸，孙息也紧张得额头冒汗。晋灵公这时失声叫道："危险！危险！"孙息说："我倒不觉得这有什么危险，还有比这更危险的呢！"晋灵公惊异地说：'啊！还有什么比这更危险！"孙息说："建九层高台就比这更危险。这高台三年都不一定建成。这三年之中，要征用多少壮丁服劳役，男不得耕，女不得织，百姓生活不下去，就会逃难，就会造反；国库空虚，国力衰竭，邻国就会起兵犯境。如果国家灭亡了，大王您怎么能生存？难道说这不比摞棋子鸡蛋更危险吗？"晋灵公听了，不由得出了一身冷汗，顿时醒悟，对孙息说："搞九层高台，是我的过错。"

二二、治标不治本

盗贼的骚扰严重，晋国国君晋侯十分苦恼。这时，他听说有一个叫郄雍的人，能从长相上辩别谁是盗贼，还能从眼神得知盗窃的内情。晋侯就让他察找盗贼，郄雍果然本领高强，千百万个盗贼中没有一个遗漏的。

晋侯非常高兴，告诉他的大臣赵文子说："我得到了一个人，全国的盗贼将为此绝迹，哪儿还用得着那么多人去捕盗贼呢？"赵文子说："我的君主，您凭着侦察来捕盗，盗贼捕不尽啊！况且，郄雍一定不得好死。"

鬼谷子

没有多久,一群盗贼谋划说:"'让我们处于困境的就是郤雍。"于是,这群强盗悄悄地抓到了郤雍,并且把他给杀了。

晋侯听到这一消息后,十分惊恐,立刻召来赵文子,告诉他说:"'果然如你所说,郤雍被残害了。那么依你所见,抓捕盗贼将用什么办法呢?"赵文子回答说:"周朝人有一句谚语说:'能观察到深渊里游鱼的人会不吉祥,聪明到能料到别人隐秘的人会有灾殃。'再说,您想要国内无盗贼,不如举荐贤人让他们做官,使礼教明于官府。教化推行于下层,百姓有了廉耻之心,为什么还要去作盗贼呢?"

晋侯听从赵文子的建议,选贤举能,推行教化,百姓安居乐业,国家大治,强盗窃贼果然少多了。

二三、李广射虎

说起西汉名将李广,熟悉这段历史的朋友马上就会联想到许多关于李广的典故,如"李广射虎"、"射虎南山"、"李广难封"、"飞将难封"、"李广不侯",等等。这些典故,多数都出自《史记·李将军列传》。

第一章 捭阖

李广（前181～前119），陇西成纪（今甘肃省静宁西南）人。他是秦朝李信将军的后代。由于祖祖辈辈精通骑射，李广很小的时候就学会了骑马射箭，练就一身的好武艺。

公元前166年的冬天，匈奴十四万骑兵大举进犯边境，李广因作战勇敢升任中郎将，经常随汉文帝护驾。汉景帝即位后，李广出任陇西都尉、骑郎将，曾随周亚夫讨平"吴楚七国之乱"。由于他功高显赫，出任七郡太守（七郡就是上谷、上郡、陇西、北地、雁门、代郡和云中），为守卫西汉边防作出了重要贡献。汉武帝时，李广官至前将军。到公元前119年，他随大将军卫青进军漠北，因为迷路，误了时间而愤愧自杀。

李广一生与匈奴激战七十多次，威震边疆，匈奴畏他如猛虎，给他送了两个外号，一个叫"飞将军"，另一个叫"猿臂将军"。

毛泽东曾在《渔家傲·反第二次大"围剿"》词中将英勇杀敌的红军比喻成李广。毛主席在词中这样写道：

白云山头云欲立，白云山下呼声急，枯木朽株齐努力。枪林逼，飞将军自重霄入。……

词中的"飞将军"指的就是李广。说的是1931年4月,蒋介石不甘心第一次"围剿"失败,重新纠集二十万大军,在江西吉安与福建建宁对我苏区发动第二次大"围剿",欲置红军于死地。但是我红军随机应变,如神兵天降,歼敌三万多人。毛主席在欣喜之余,写下了这首壮丽的诗篇。毛主席在这首词中,连用了五个典故,一气呵成。

这五个典故是:"云欲立"、"枯木朽株"、"飞将军"、"自重霄入"、"为营步步"。

今天,我们在这里说起李广,还要顺便给您说说他爱兵如子,深受将士拥戴的事。读过《李将军列传》的朋友,不难发现,李广将军他处处身先士卒,同甘共苦。司马迁在撰写《李将军列传》时,用了很多褒扬之辞。如:

得赏赐辄分其麾下,家无余财,终不言家事,饮食与士共之。暑不张盖,寒不重衣,险必下步,军井成而后饮,军食熟而后饭,军垒成而后舍,劳逸必以身同之。军中自是服其勇,士以此爱乐为用。

司马迁对李广将军给予了最热情的赞扬。但是今天我们在赞扬李广爱兵如子的同时,又不能不说到李广有的做法也不可取。李广这个人不太讲究以法治军,不严格要求部下将士,也不太重视军容。那么作为一位大将,没有严明的法度,就不可能形成战斗力。孙子说:"令之以文,齐之以武,是谓必取。"而这才是真正的治军之道。

二四、人自为战

此典出自《史记·淮阴侯列传》:"信曰:'……此所谓'驱市人而战之',其势非置之死地,使人人自为战;今予之生地,皆走,宁尚可得而用之乎。"

上面的这段话,可以说是成语"人自为战"的典源。原文的意思是:韩信对众将官说,这是激励全军将士努力作战的一种办法。把军队放置于被称作死地的地方,就会使全军人人为求生存而殊死战斗,从而赢得生的机会。

公元前204年,汉大将韩信领兵攻打赵国。赵王带大将陈余在井陉(今河北省井陉)布置了二十万大军,准备抵抗汉军。由于汉军兵少,韩信决定拨出一万人,背水列阵。韩信的部下十分不解,又不敢多问,只好执

鬼谷子

行命令。而陈余看后心中暗喜，笑韩信不会用兵。第二天，汉赵两军一交手，韩信就退走，赵军随后追杀过来。汉军退至河边预设的阵地，官兵们见已无退路可走，转过身来，殊死拼杀，真可谓以一当十，以十当百，个个奋勇，一时间顶住了赵军的攻击。赵军虽然兵多，却无法一下子吃掉顽强的汉军，双方你争我夺，处在胶着状态。这时，赵军后方突然大乱，刚才还向前进攻的赵军，开始纷纷后退。原来，韩信早在前一天夜里秘密派出的二千名骑兵，此时从赵军背后发起了袭击。赵军腹背受敌，军心大乱，士兵纷纷败走。尽管赵军统帅当场斩杀了多名士兵，也无法阻止"兵败如山倒"的趋势。在汉军的两面夹击下，赵军土崩瓦解，主将陈余死于乱军之中，赵王也成了汉军的俘虏。

战后，韩信的部下问："兵法上讲，预设战场要依山傍水。这次，将军却令我们背水布阵，等于把军队置于死地，可结果却打胜了，这是什么道理呢？"韩信回答："这种战法，兵法上也讲过，只是你们没有注意到而已。兵法上不是说，军队陷于死地可以后生，置于亡地可以后存吗？我不过是没有拘泥于前人的经验，而是采取了一种新的激励士兵努力作战的方法。"接着，

韩信就说出了文中开头所提的那段话。

"人自为战",原来意思是讲,每个人为求自己的生存,而奋力地去战斗。在以后的实际运用中,逐渐地又赋予了它新的含义。抗日战争时期,广大的人民群众在中国共产党的领导下,"人自为战,村自为战",积极开展了地道战、地雷战、麻雀战等,终于将日本侵略军陷于人民战争的汪洋大海。这里讲的"人自为战",与原来的意思相比,就有了一个从自发地求个人生存到自觉地为争取民族解放而战斗的转化,从而也使得"人自为战"这句成语,成为我军反侵略战争中一个重要的作战指导思想。

二五、胯下之辱

此典出自《史记·淮阴侯列传》:"淮阴屠中少年有辱信者,曰:'若虽长大,好带刀剑,中情怯耳。'众辱之,曰:'信能死,刺我;不能死,出我胯下。'于是信孰视之,俯出胯下,蒲伏。一市人皆笑信,以为怯。"

"胯下之辱"是说一个人从别人两腿之间处爬过去,

这被视为是奇耻大辱。

这是汉朝开国功臣韩信早年亲身经历的一件事。韩信是今江苏淮阴人,当他还是一个贫民百姓时,家境贫寒,本人由于既不能为官,又不会经商,经常吃不饱饭,时不时地要靠别人接济饭食,过着寄人篱下的生活,为当地人所瞧不起。

一天,城中杀猪卖肉的几个人围住韩信。其中,一人用手指着韩信的鼻子说:"看你虽然长得身材高大,还背着刀剑,其实,你却是一个胆小鬼。"据史书上讲,韩信身长八尺五寸,当然那是旧尺寸。因是韩王的后代,所以经常带着佩剑出没于市井之中。在那些围住韩信的市井无赖中,有一高个子,扯着嗓门喊叫:"你小子要是不怕死,就来刺我一刀;你小子要是怕死,就从我胯下爬过去。"说着他叉开两条腿,用手指指自己的胯下。周围的那帮人在一旁起哄:"爬过去,爬过去。"韩信听了,一声不响,他仔细地看了看那个高个子无赖,又看了看其他几个人,便伏下身子,从那高个子的胯下慢慢地爬了过去。看热闹的人围了一圈,大家都哈哈大笑,讥笑韩信是一个十足的胆小鬼。韩信仍然是面无表情,默不作声,心里却牢牢地记下了这一奇耻

第一章 捭阖

大辱。

后来,各地起兵反秦。韩信先是投靠西楚霸王项羽。项羽只给了韩信一个微不足道的官职——郎中。韩信多次给项羽献计,项羽由于在心里看不起他,都没有采纳。于是韩信转而投奔汉王刘邦。刘邦开始也对韩信不以为然,常拿韩信"胯下之辱"的历史来搪塞举荐韩信的人,意思是说,这种人还能成大器吗?

丞相萧何慧眼识人,认为韩信是个奇才,极力向刘邦推荐,还不顾年迈,月下追回怀才不遇,又想出走的韩信。刘邦无奈,怀着试试看的心理,拜韩信为破楚大将军。拜将后,刘邦认真地与韩信作了一番对话,这才对韩信有了新的认识。韩信果然不辱使命,帮助刘邦最终战胜了项羽,建立了汉朝。

刘邦统一天下后,封韩信为楚王,淮阴是他的属地。韩信回到家乡,把当年那些曾侮辱过他的人吓得半死,特别是那个高个子,自认为必死无疑。没想到韩信却把他召来封了个军职——中尉,韩信对众将说:"当年他侮辱我时,我所以没有杀他,是因为杀了他并不会带来好处。现在也是如此,而我正是忍了,才有了今天。"

此后，人们就用"胯下之辱"比喻有才能的人，能暂时忍受耻辱，并终成大器。

二六、匹夫之勇

汉高祖刘邦为韩信登坛拜将事毕，刘邦问韩信："丞相萧何等人在我面前多次称赞将军，说你雄才大略，经天纬地，是旷世奇才，将军对我有何指教呢？"韩信说："现在能与大王争夺天下的，只有项羽。大王估计自己的勇猛强悍，比项羽又如何呢？"

刘邦沉默了一会儿，说："那我远远不如他。"韩信听后躬身下拜，恭恭敬敬地说："大王真有自知之明，我也认为大王不如项羽。但是，我在项羽手下做过事，我对他的性格、作风、才能、品行，知道得清清楚楚。项羽可以说是叱咤风云，他的一声大喝，就能吓退千军。但是他有一个致命的弱点，就是人他不能也不会用人。贤臣良将，在他的手下，一筹莫展，毫无用武之地。所以说，项羽虽勇，只是匹夫之勇。项羽待人也是恭敬和仁义的，他关爱部属，遇到将士患有疾病，他能问暖问寒，关注饮食起居。但是，当部属有功该分封行

第一章 捭阖

赏时,他却常常舍不得,这种仁其实只是妇人之仁。"接着,韩信又指出项羽背信和滥杀无辜的不义。最后总结说项羽的勇,只是匹夫之勇,项羽的仁只是妇人之仁,所过之处,烧杀抢掳,村庐尽墟,尽失人心。如果汉王能反其道而行之,揽天下贤才,任武功强将,以天下城邑,封有功之臣,让人心悦服,得到天下并非难事。刘邦听后大喜,自认为与韩信相见恨晚,对韩信是言听计从。

后来,刘邦打败项羽,做了皇帝,在洛阳宫大宴群臣时说:"我所以能成功,取得天下,是我能知人也能用人。运筹帷幄之中,决胜千里之外,我不如张良;镇守国家,安抚百姓,筹划粮草,整理财政,我不如萧何;上阵打仗,攻城拔寨,率百万之师战必胜,攻必克,我不如韩信。这三人都是人中之杰,我能用,此三杰。而项羽只有一个范增,还不能用,天下怎么能不属于我呢!"

说到这里,我们不能不提一下项羽。项羽可以说是一位失败的英雄。他24岁在江东起兵反秦,26岁夺得秦朝政权。接着楚汉战争,他与刘邦交手四年,最后败在刘邦手下。死时也不过30岁出头。遗憾的是,究竟

为何失败,他临死尚不觉悟,仰天高呼:"天之亡我,非用兵之罪。"司马迁批评他,说他最大的错误是自矜功伐,不肯纳谏,欲以武力经营天下。所以,今天人们称那些没有深谋远虑,又听不进别人意见,只凭武力用事的人为匹夫之勇。

二七、斗酒彘肩

成语"斗酒彘肩"源自"鸿门宴"的故事。在鸿门宴上,项庄拔剑起舞,欲杀刘邦,项伯暗中尽力用自己的身体掩护,但项庄咄咄逼人,形势万分危急。刘邦的谋士张良见势不妙,赶紧走出帐外,把消息告诉了负责刘邦安全的猛将樊哙。

樊哙与刘邦是同乡,早年以杀狗卖肉为生,后来跟随刘邦起兵,出生入死,战功卓著,很受刘邦器重。樊哙与刘邦还有一层关系,樊哙的妻子吕须与刘邦的夫人吕雉是亲戚。所以,在刘邦的诸多将领中,樊哙被认为是最亲近的。

樊哙听张良一说,顿时急了,立即持剑握盾闯入项羽的军帐。两侧持戟的卫士制止樊哙,不让他进去。樊

第一章 捭阖

哙侧着盾牌撞过去,两侧的卫士纷纷倒地。樊哙闯入军帐内,靠着帷帐向西站着,愤怒地瞪起眼睛,怒视项羽,头发都竖了起来,眼角也张裂流着鲜血。项羽按剑问道:"这个大汉是什么人?"张良回答:"他是刘邦的武士,名叫樊哙。"项羽说:"真是一个壮士,快给他拿酒。"手下人立即给樊哙送来一斗酒,樊哙谢了项羽,一饮而尽。项羽又说:"送给他猪肩。"手下人立即送上一只生猪肩,樊哙把盾牌扣到地上,把生猪肩放在盾上,拔剑切肉,大口吃起来。项羽说:"壮士,还能再喝酒吗?"樊哙回答:"我连死都不怕,喝几斗酒算什么!"樊哙的言行震慑了项羽及手下的武将们,项庄等人一时不知如何是好。刘邦借机上厕所,走出项羽的军帐,连来时坐的车都不要了,独自骑马逃离了鸿门。樊哙呢,也不辞而别,匆忙离开,抄小路返回了自己的营地。

"斗酒彘肩"就源于这个典故。"彘",是指猪。后来人们用这个典故,形容某人言行豪壮,英勇无畏。

捭阖第五

捭阖之道，以阴阳试之①，故与阳言者，依崇高②，与阴言者，依卑小。以下求小③，以高求大。由此言之，无所不出，无所不入，无所不可④。

可以说人，可以说家，可以说国，可以说天下⑤。为小无内，为大无外⑥。益损、去就、倍反，皆以阴阳御其事。

阳动而行，阴止而藏；阳动而出，阴随而入。阳还终始，阴极反阳⑦。以阳动者，德相生也；以阴静者，形相成也。以阳求阴，苞以德也⑧；以阴结阳，施以力也。阴阳相求，由捭阖也⑨。

此天地阴阳之道，而说人之法也，为万事之先，是谓"圆方⑩之门户"。

第一章 捭阖

【注释】

①以阴阳试之：指用或正或反，或直或隐的游说方法试探和把握对方的思想。

②与阳言者，依崇高：与心理态势积极的人言谈，宜从大处着眼。

③以下求小，以高求大：从低处作微观分析，从高处作宏观分析。

④无所不可：任何地方、任何场合都没有什么不可以的。

⑤可以说人，可以说家，可以说国，可以说天下：意谓小可以说服一人一事，大可以说服天下万民，天下大事。

⑥为小无内，为大无外：微观上说服可及无限之微，宏观上说服可及无限之广。

⑦阳还终始，阴极反阳：意为阴阳运行，彼此相生，互相转化。

⑧以阳求阴，苞以德也：对方消极，要去鼓动他，使他昂奋，要以德感化。苞，通"包"，包容。

⑨阴阳相求，由捭阖也：意谓积极与消极的相互影响，相互转化，是由捭阖之术作用的结果。

⑩圆方：天圆地方，智圆行方，语回事方。方，指原则性；圆，指灵活性。

【译文】

开闭的法则，都可用阴阳之言进行试探。因此对正派的人要谈论崇高的事去试探他。跟阴险的人谈论要用卑小的事去试探他。用低下要求卑小，用崇高要求宏大，这样说来，没有什么不可以探测出，没有什么不能深入进去，没有什么不能办到的事。

用这种道理可以说服一家人，说服一个国家，说服天下人。阴则无内可言，阳则无外可言，游说之道能大能小，能屈能伸。所有益损、去来、背反等都是运用阴阳之法应对。

阳气动就要行事，阴气动就可以收藏。阳气活动而显出，阴气隐藏而进入。阳气到了极点变为阴，阴气到了极点就反为阳。以阳气而活动的人，道德由此增长，以阴气而安定的人，形势会随着助长，事物由此而形成。以阳气来追求阴气，就要用恩德来包孕，以阴气来结纳阳气，就要以力量来施行。阴阳相互追求，是根据开合来决定的。

这就是天地阴阳的法则，也是说服人的基本方法。

是万事万物的先知先觉,也就是所说的天地之门。

【感悟】

天下的事物无不包含着阴阳、正反两个方面,这两个方面相辅相成,在一定条件下可以互相转化。也就是说,天下的事物没有不可以转变的,有了条件就能够转变,没有条件,创造条件也同样可以使之转变。人们可以根据这个道理去处理事物。

【故事】

一、伏羲氏的思想

相传很久以前,有个叫伏羲氏的人做了国王。他感到天地万物纷乱复杂,于是就想用一种方法,来总结出大自然的规律。一天晚上,伏羲氏抬头观察天空时,忽然发现,天空中星罗棋布的大小星星,纵横交错的位置不是和地上的山川河流有相通之处吗?第二天,伏羲氏又仔细地观看了鸟兽的花纹和岩石的裂缝,在这个基础上,他最终发明了"八卦"。

那时候,人们在水中捕鱼非常困难,他们只能用树杈戳,一天下来,捕不了几条。伏羲氏又运用疏密相间

鬼谷子

的粘附原理，发明渔网，从那以后人们捕鱼就容易多了。

伏羲氏死后，神农氏当了国王。他根据八卦遇到困境就加以改革，改革之后就行得通的原理（"穷则变，变则通，通则久"），将树条用火烤后弄弯，制成犁，就能够成片成片地开垦荒地了。土地多了，于是生产的粮食也多了。但人们所种的东西并不是相同的，于是，神农氏又发明了市场。他规定：凡是需要交换东西的人，在某一固定的时间，将所要进行交换的货物集中在市场上，彼此想到用不同的东西进行交换自己想要的东西。

再后来，黄帝、尧、舜先后担任国王，又发明了衣裳，并通过衣裳的样式、颜色区分出高低贵贱；又发明了船、弓箭、牛车和马车等。从此以后，人们的生活便极大地方便起来。